DICHTERWETTSTREIT *deluxe*

Mit Beiträgen von

Eeva Aichner • Louisa Bahl
Gregor Biberacher • Cay Buschmann
Duo Einfach so • Hans Feldner
Paulin Fisch • Simon Felix Geiger
Der letzte Gerhard • Hannah Grünebaum
Pauline Hagmann • Dominik Heißler
Ansgar Hufnagel • Cäcilia Hufnagel
Ima • Ulla Klomp
Marie Lemor • Svea Lorenz
Philipp Multhaupt • Ristridin
Ingrid Ruesch • Lily Sabath
Marvin Suckut • Greta Zieger

Herausgegeben von

Ansgar & Cäcilia Hufnagel

Ansgar und Cäcilia Hufnagel nennen sich als Bühnenduo „Einfach so" – denn wann immer sie die Bühne für sich einnehmen, kann man sich der Leichtigkeit und Selbstverständlichkeit, mit der sie das tun, nicht entziehen. Die Schauspielerin Cäcilia sowie der Kabarettist und Moderator Ansgar bringen Alltagsgeschichten und Themen nah am Puls der Zeit zur Sprache. Wer Lust auf fein geschliffene Reime, pointierte Anekdoten und mutigen Tacheles hat, ist bei diesem perfekt eingespielten Duo aus Freiburg an der richtigen Adresse. *www.duoeinfachso.de*

Ansgar & Cäcilia Hufnagel (Hrsg.)

DICHTERWETTSTREIT *deluxe*

ISBN: 978-3-98809-021-8
ISBN E-Book: 978-3-98809-022-5

www.dichterwettstreit-deluxe.de

Inhalt

Vorwort
Von Marvin Suckut

Liebe Partypeoplez,

krass, ihr lest echt das Vorwort? Warum? Was erwartet ihr, abgesehen von ein paar schnulzigen Danksagungen und einer unnötig ausschweifenden Erklärung, wie es zu diesem Buch gekommen ist?

Na gut, ihr wolltet es nicht anders. Wer so verzweifelt ist, ein Vorwort zu lesen, den belohne ich gerne mit dem ersten >>Danke<< in diesem Buch. Danke dafür, dass du dieses Buch gekauft hast, Poetry Slam in Freiburg damit unterstützt und dich für Bühnenliteratur interessierst. Bravo!

Aber jetzt mal Realtalk. So eine Anthologie ist meiner Meinung nach die perfekte Klolektüre. Wo sich sonst die Brigitte-Ausgaben aus dem Jahr 2020 stapeln, weil ihr zu dieser Zeit dachtet: „Mist, der Lidl hat schon wieder kein Klopapier, dafür aber die neue Brigitte, sogar mit Bananenbrotrezept." Tja, und jetzt, drei Jahre später, habt ihr das Gefrierfach voller Hefewürfel, aber noch immer keine ordentliche Lektüre auf der Toilette für eure Gäste, die dort unverhältnismäßig viel Zeit verbringen, nachdem sie von eurem Bananenbrot gekostet haben.

Jetzt mal im Ernst: Die Freiburger Poetry Slam-Szene hat sich in den letzten Jahren zu einer der familiärsten und diversesten Szenen entwickelt, die ich kenne. Ist das alleine mein Verdienst? Auf jeden Fall. Nein, Quatsch. Ich möchte an dieser Stelle all denjenigen danken, die diese wunderbare kleine Szene mit ihren Veranstaltungen hegen und pflegen. Ansgar, Cäcilia, Philipp und Terence, um einfach mal ein paar Namen genannt zu haben. Ebenfalls bedanken muss ich mich aber natürlich auch bei Sebastian 23 und Tobias Gralke, die über Jahre Poetry Slams in Freiburg veranstaltet haben, zu einer Zeit, als Julia Engelmann das Wort „Grapefruit" noch nicht einmal buchstabieren konnte.

Was erwartet euch in diesem Buch? Ich hoffe das, was man auch auf einem handelsüblichen Poetry Slam in Freiburg findet. Ein Mix aus humoristischen Texten, die einen vor Lachen aus den Birkenstocksandalen hauen, und zum anderen so viel Deepness, dass man nach dem Text erstmal eine Staffel „The Walking Dead" schauen muss, um irgendwie wieder klarzukommen. Zwischen diesen beiden Extremen werden wir uns auf den nächsten Seiten bewegen. Wird dieses Buch euer Leben nachhaltig verändern? Unwahrscheinlich. Aber es ist gut investiertes Geld, da der Erlös quasi direkt wieder in die Szenearbeit hier vor Ort fließen wird, um auch weiterhin schöne und hochwertige Slam-Veranstaltungen zu garantieren.

So, genug gelabert. Zieht eure Schuhe aus, wischt euch die Dreadlocks aus dem Haar und dann ab ans Dreisamufer und ordentlich einen wegschmökern. Hopp! Es lohnt sich.

Marie Lemor

Zum Genuss dieses Buches empfehle ich …
eine Kanne Kakao (mit einem Schuss Rum).

Diesen Text habe ich ausgewählt, weil …
in jeder Person ein Künstlerherz schlägt.

Mein erster Auftritt war …
frustrierend motivierend.

Poetry Slam ist …
lebendige Poesie.

Freiburg braucht mehr …
Slam-Nachwuchs. Und Mülleimer.

Folge mir auf folgenden Kanälen …
@plauderpoesie auf Instagram

Künstlerherz
Von Marie Lemor

An einem Wintertag im Frühling
Saß ich still und ganz allein
Dachte über das Leben nach
Über das „War" und auch das „Sein"
Ich saß nur dort und dachte Fragen
Während die Welt so zog vorbei
Sah der Menschen trübe Blicke
In einem Wolkenbruch im Mai

Es war, als würd' es niemals was
Wie Unachtsamkeiten geben
Als liefen alle geradeaus
Nur des Laufens wegen
So folgsam traben diese Menschen
Stumm und stur den Weg entlang
So wie ein Zug – nur ohne Gleise
Im gleichen Schritt, im gleichen Gang

Und wie ich dort so saß und sah
Konnte ich nicht umhin
Als für mich selber festzustellen
Wie wenig besser ich doch bin
Wie sehr ich Träume leben will
Wie wenig ich's doch tu
Seh' viele Türen offen stehn
Und schlag sie dennoch meistens zu

Als kleines Mädchen wollte ich
Trapezartistin werden
Heute hab' ich Höhenangst
Und würd' vor Panik sterben
Früher war ich vom Gedanken
An meinen Hogwarts-Brief besessen
Heute lese ich „Harry Potter" nur
Um nicht den Zauber zu vergessen
Ich wünsch' mir heute immer noch
Die Black Pearl einfach zu kapern
Doch meistens trink' ich nur den Rum
Und hab danach 'nen Kater

Damals braucht' ich für mein Märchenschloss
Nicht mehr als etwas Sand
Das Einzige, was ich heut' noch male
Ist den Teufel an die Wand
Irgendwie verlernt man schnell
Was es wirklich heißt zu staunen
Was es heißt, ein Kind zu sein
Und vor lauter Glück zu taumeln

Und in mir drin keimt manchmal schon
Dieser kleine Funke Angst
Dass ich keine Geschichten mehr erleben werde
Über die ich schreiben kann
Es gibt kaum noch Abenteuer
Und von Trab und Trott geprägt

Verlässt mich manchmal doch die Hoffnung
Dass mein Künstlerherz noch schlägt

Dass meine Hände doch noch fühlen
Dass meine Augen doch noch sehen
Dass meine Füße doch noch laufen
Statt sich nur im Kreis zu drehen
Dass meine Flügel wieder wachsen
Dass der Wind mich wieder trägt
Und mein Künstlerherz sich wieder
Richtung Firmament bewegt

Denn dort oben war es einstmals
Und dort war es Zuhaus
In einem Schloss aus tausend Worten
Schwebte es ein und wieder aus
Schwebte über allen Dingen
Über den Dächern jeder Stadt
Schwebte dort, wohin der Wind es trug
Und vergaß niemals seinen Takt
Schwebte manchmal zu mir runter
Und erzählte mir recht viel
Von Geräuschen und Gerüchen
Vom Geschmack und vom Gefühl
Von den Menschen, die es auf seinen Reisen sah
Von den Träumen und den Ängsten
Von fern und auch von nah
Brachte es mir die Geschichten
Und ich – ich schrieb sie auf

Nahm ein leeres Blatt Papier
Und achtete darauf
Jedes Wort genau zu wählen
Auf jeden Satz und seinen Klang
Damit jeder, der die Worte las
Sofort die Bilder sich ersann

Bilder
Vom Geruch von kaltem Regen,
Der auf warmen Asphalt fällt
Vom Geräusch von Lagerfeuer
Und was sein Knistern uns erzählt
Vom Gefühl von Erdbeerkuchen
Und vom Wolkenbruch im Mai
Vom Rausch vom Wein und Rausch vom Tanzen
Und wenn der Rausch geht dann vorbei
Von den Menschen und der Liebe
Von der Hoffnung und dem Glück
Von den Menschen und den Narben,
Die die Liebe lässt zurück

Diese Bilder sind geblieben
Doch sie werden langsam blass
Denn mein eben noch so freies Herz
Hängt reglos, trieblos, schlaff
An einem Fahnenmast ganz oben
Und flattert schwach im Wind
Aufgehängt und bloßgestellt
Einsam, pulslos, blind

Wünscht mein Herz sich manchmal klein zu sein
Kindlich, rastlos, frei
Wünscht sich, wieder rein zu sein
Wie ein Wolkenbruch im Mai

Genug
Ich will euch nicht den Tag versauen
Und euch nicht traurig machen
Denn glaubt mir, am liebsten hab ich auch
Bauchweh vom vielen Lachen
Ich will nur, dass wir alle mal
Einen Moment lang innehalten
Unseren Blick ein Stück anheben
Und eine Sache schalten:

Wir haben kein Märchenschloss aus Sand
Oder Besen, auf denen man fliegt
Ich will auch keine Piratin sein
Weil mir das, glaub' ich, sowieso nicht liegt
Ich glaube einfach fest daran:
In jedem von uns ist
Ein Künstlerherz, das durch Trab und Trott
Nicht totzukriegen ist

Lasst uns einfach nur nicht den Blick verliern
Für Magie und Zauberei
Denn davon liegt sicherlich auch sehr viel
In einem Wolkenbruch im Mai

Gregor Biberacher

Zum Genuss dieses Buches empfehle ich …
eisgekühltes Kinder Bueno.

Diesen Text habe ich ausgewählt, weil …
ich diesen Text ausgewählt habe.

Mein erster Auftritt war …
stimulierend!

Poetry Slam ist …
bunt.

Freiburg braucht mehr …
Bäume, weniger B31.

Folge mir auf folgenden Kanälen …
@wortgiesser auf Instagram I www.wortgiesser.art

Goethe ist tot
Von Gregor Biberacher

Dieser Text ist eine Liebeserklärung.
An die Bühne, an das Schicksal und an dich:
Du spinnst! Du spinnst und spinnst,
Verlierst den Faden und gewinnst ihn zurück,
Du nähst und strickst, hältst inne und beginnst
Aufs Neue, webst, häkelst, klöppelst dir
Mehr schlecht als recht dein Lebensgeflecht
Und erst, wenn's echt fast fertig ist,
Erkennst du ihn im Rückblick
Den roten Faden,
Der deine kleine Welt
Im Innersten zusammenhält.

Drum wirkt, vom Anfang her erzählt,
Mein Leben, wie üblich, recht betrüblich
So verbring' ich seit der Babytrage meine Tage
Im Spagat zwischen Neuanfang und Niederlage,
Stell' mir alle Tage wieder diese Frage:
Warum wirkt mein Leben,
Vom Näher'n und vom Weiter'n betrachtet,
Wie ein dicker Haufen Schei- Scheitern?

Ich bin jetzt über 40, das hab ich hinbekommen,
Bin nicht in den Hafen der Ehe geschwommen,
Hab nichts für'n Kinderwunsch unternommen,
Keine Karriereleiter erklommen,

Stand benommen dabei,
Als all meine Träume verglommen
Und jetzt soll plötzlich
Erfolg als Kleinkünstler kommen?
Hab ich Dämonen des Wahnsinns beschworen?
Ich hab im Leben schon viel verloren:
Schlüssel, Geld und Investoren,
Den Vater, das Studienplätze-Rodeo,
Den Faden sowieso,
Doch jetzt auch den Verstand?
Warum also der Aufwand?

Zwei Figuren in meinem Leben waren dominant:
Goethe und meine Mama,
Die stets militant
Gehofft hat,
Ich wär' im Kopf mit Goethe verwandt.
Das hat mich ganz schön gestresst, he!
Dann stieß ich – und das war *das Beste* –
Auf eines seiner Manifeste,
Das für mich zum roten Faden geworden ist:
Wenn dir's in Kopf und Herzen schwirrt,
Was willst du Bessres haben!
Wer nicht mehr liebt und nicht mehr irrt,
Der lasse sich begraben.

Ja!
Und so schreib' ich über Liebe und Leidenschaft.
Ich habe geliebt, lieber Leser, schon oft

Und viel geliebt, im Wesentlichen Frauen.
Hab jede Beziehung am Ende verhauen
Hab Liebe verspielt und Vertrauen,
Bin als lichthungriger Falter herumgeschwirrt,
Hab an zahllosen Sternen
Mich dumm und dusslig geirrt.
Ich schrieb darüber einen langatmigen Text
Und kann euch schwör'n:
Den will keiner hör'n!
Außerdem: Liebe, Sex und Zärtlichkeit
Darum geht's doch hier nicht.

Was will Goethe mir sagen mit seinem Gedicht?
Was lieb' ich wirklich?
Was werd' ich immer noch lieben,
Auch wenn sie mich lahm und einsam
Im Rollstuhl rumschieben?
Was wird geblieben sein? Die Kunst?
Meine Liebe im Geiste, doch weißte
Wie lange das dauerte?
Seit über 20 Jahr'n will ich raus in die Welt
Und runter von der Tribüne,
Rauf auf die Bühne,
Will mich der Kunst verschreiben.
Stattdessen bin ich völlig verwirrt herumgeirrt,
Hab alles Mögliche probiert, studiert,
Wurd' dann doch erstmal Koch,
Dann Erzieher, Clown, Germanist.
Ich bin ein komisch geschliffener Diamant,

Ein Universaldilettant!
Doch spürte ich in mir
Stets die Künstlerseele schlummern.
Hab sie vor paar Jahren endlich aufgeweckt.
Booom!
Ein Slam – hatt' ich Blut geleckt,
Hab jeden korrekten Veranstalter abgecheckt,
Hab zahllose Texte mir ausgeheckt,
Hab sie aufgeblasen und abgespeckt,
Hab im Affekt die Zähne gebleckt
Und das Publikum verschreckt,
Bekam im Endeffekt
Viel Lob und bunte Federn an den Hut gesteckt
Und ging heim, mit warmem Applaus bedeckt.
Ein paar Jahre hab' ich hinter mir
Und bin auch heute hier
Als Dichter-, Slammer-, Künstlerlehrling.

Und hier steh' ich armer Besen,
Werd' mir meinen Traum erfüllen.
Bin noch viel zu still gewesen.
's wird Hammer, wenn ich nach meinem Willen
Auf der Bühne stehe,
Text in meinem Kopf,
All die Menschen sehe
Und auf's Mikro klopf.
Dann fiebern mir 20, 50, 200 Menschen entgegen,
Spür die Eingeweide sich bewegen.
In mir sirrt und flirrt die Hitze der Nervosität,

Meine Zeit vergeht,
Man sieht, wie der Moderator aufsteht,
Sich zu mir dreht
Und mich als Poet per Dekret
Von der Bühne… jodelt!

Goethe ist tot
Und Schiller ist tot
Und mir ist auch schon ganz schlecht!
Doch ich lass' mich nicht begraben,
Ich flieg' und taumle zum Sieg
Oder einfach gegen das nächste Fenster.
Ich bin der Nachtfalter in bestem Alter,
Der am Tag verwirrt
Die Welt durchschwirrt
Und immerzu weiterirrt,
Denn das, was ich liebe,
Hält mich in der Luft und in der Welt,
Grad' so wie's mir gefällt.

Das ist meine Botschaft an dich:
Finde es raus,
Wie sieht dein Ding aus?
Dann mach es, bleib dabei!
Plackerei? Schinderei? Scheißegal!
Kostet dich maximal viel Zeit?
Bringt Streit,
Bringt Drama mit Mama, Papa?
Wunderbar!

Svea Lorenz

Zum Genuss dieses Buches empfehle ich …
sich Zeit und Ruhe zu nehmen.

Diesen Text habe ich ausgewählt, weil …
es der erste war, den ich öffentlich vorgetragen habe.

Mein erster Auftritt war …
so unglaublich rührend, dass mir die Tränen kamen.

Poetry Slam ist …
öffentliches Tagebuchschreiben.

Freiburg braucht mehr …
Meer!

Folge mir auf folgenden Kanälen …
@olivia.schreibt auf Instagram

DA zwischen
Von Svea Lorenz

Dazwischen so klein und unscheinbar

Da steht ein *und*, da steht ein *oder*
Da ist Raum, da ist Platz
Da ist Enge
Da ist das, was uns entgeht

Das, was unser Leben ausmacht
Das, was wir manchmal nie bemerken
Das, wofür wir keine Worte haben
Das, was einfach da ist

Etwas, vor dem wir nicht entweichen können
Etwas, das süchtig machen kann
Etwas, das alles umfasst
Und zugleich gar nichts ist

Da
Da Zwischen
Steht die ganze Welt
Und kaum jemand bekommt es mit

Zwischen dir, zwischen mir

Da ist Luft
Da ist gar nichts

So sieht es aus
Doch der Anschein trügt

Weißt du, es gibt etwas dazwischen
Dort in der scheinbar freien Fläche
Da ist alles
Alles, was zwischen uns ist

Schwer wie Blei
Kreischende Stimmen
Schwarz wie die Nacht
Abstoßend und anziehend zugleich

Doch keiner
Kann es sehen

Zwischen uns

Zwischen uns ist eine Welle
Eine Welle, die alles mitbringt
Die das Glück von dir zu mir trägt
Die schlechte Nachrichten unterspült
Die uns unsere Freiheit schenkt

Die uns so sein lässt, wie wir sind

Das, was uns entgeht
Was manchmal untergeht
Das sind die kleinen Dinge

Doch die kleinen Dinge im Leben
Sind auch genau das
Was Zufriedenheit schenkt
Was Träume wahr macht
Und ein Lächeln ins Gesicht zaubert

Die kleinen Dinge im Leben
Schaffen Erinnerungen
Die wir für immer
In unseren Herzen tragen

Deshalb lasst uns Kleinigkeiten
Zu großen Augenblicken machen!
Lasst sie uns genießen
Weil jede einzelne Erinnerung
Jede einzelne Kleinigkeit
Das ausmacht
Was wir unser Leben nennen

Cäcilia Hufnagel

Zum Genuss dieses Buches empfehle ich …
die Fähigkeit, lesen zu können.

Diesen Text habe ich ausgewählt, weil …
auch andere ihn vorlesen sollen können.

Mein erster Auftritt war …
2016 im Café Atlantik und grundsolide.

Poetry Slam ist …
wild.

Freiburg braucht mehr …
Wickeltische auf Männertoiletten.

Folge mir auf folgenden Kanälen …
www.caeciliahufnagel.de

Kacheln lachen nicht
Von Cäcilia Hufnagel

Als Kinder hatten wir Angst vor ihm. Und zwar alle. Denn allein Angst haben machte ja keinen Spaß. Wenn wir als Kinder zusammen Angst hatten, dann war das etwas Aufregendes. Man hatte das Gefühl, man steht einer unbekannten Macht gegenüber und muss sich miteinander gegen sie verbünden und sie verjagen. Sie lud zu so vielen Geheimnissen ein, die man hektisch auf Zettelchen geschrieben verbreiten konnte, sie lud zum Versteckspielen und kreischend Wegrennen ein. Das war toll. Also wurde es fast schon eine Art Tradition, dass man als Kind in unserem Dorf vor ihm Angst zu haben hatte – und mit „ihm" meine ich den Kachelofen.

Allein schon dieses Wort – Kachelofen. Ein hartes „k" am Anfang, zwei dunkle Vokale „a" und „o" und dann noch dieses drachenfauchige „ch" mittendrin. Davor musste man ja Angst haben! Das war eines dieser Worte, die man bedächtig flüsterte oder allerhöchstens raunte. Ich meine, ein „Kichelofen" hätte schon viel freundlicher geklungen, vor dem würden wir nicht weglaufen, um den würden sich keine Geheimnisse ranken, vor dem würden wir keine Angst haben.

Aber es war nun einmal ein Kachelofen und als Kind nimmt man alles schlichtweg für gegeben und selbstverständlich hin, also kamen wir gar nicht auf die Idee, uns ein gedankliches Konstrukt zu bauen, das ihn verharmloste. Nein, gedankliche Konstrukte zur Relativierung von furchteinflößenden Dingen war ganz klar Erwachsenensache, damit wollten wir nichts am Hut haben. Wenn uns die Erwachsenen sagten, wir bräuchten uns nicht zu fürchten vor dem Kachelofen, dann schlugen wir diesen Ratschlag in den Wind und fühlten uns erhaben, weil wir eine eindeutige Gefahr im Gegensatz zu ihnen zu erkennen imstande waren.

Der Kachelofen wohnte in der Auenstraße ganz hinten vor dem Wald beim Bach. Auf dem gegenüberliegenden Grundstück standen ganz viele Sträucher und Büsche, hinter die wir uns verkrochen, um unentdeckt einen Blick auf ihn erhaschen zu können.

Tagsüber, wenn kaum Licht in das Zimmer fiel, in dem er stand, sah er einfach nur aus wie ein großer, massiver, schwarzer Klotz. Immer wenn jemand Neues in seine Geheimnisse eingeweiht werden sollte, musste er einen Tipp abgeben, welche Farbe er wirklich hatte und wenn er nach drei Versuchen einen Treffer gelandet hatte, durfte er weiter mit uns dort hin.

Wir nahmen auf diese zwielichtig-schummrigen Erkundungstouren immer Schokolade mit, für die Nerven, und Sportschuhe, damit wir schnell wegrennen konnten, und Sonnenbrillen, damit man uns nicht erkannte und Regenschirme, falls es regnen sollte. Wir fühlten uns unheimlich wichtig, wie wir da im Gebüsch hockten und das Fenster und die Straße observierten, in etwa so, als wären wir dem größten Trickbetrüger aller Zeiten auf den Fersen. Wir fühlten uns wie Phantomias, die Detektiv-/ Superheldenversion von Donald Duck, und Scooby-Doo in einem.

Irgendwann war es dann so weit und jemand zischte: „Da kommt der Kachelofen." Es ist nämlich so, dass nicht nur der große massive schwarze Klotz in dem dunkeln Kämmerlein der Kachelofen war, sondern auch der alte Mann, der in dem Haus mit dem Kachelofen zusammen wohnte. Das war auch „Der Kachelofen", weil er ja sein Besitzer war und jeden Abend zur selben Zeit an seinem Kachelofen ein Glas Rotwein trank.

Wenn er kam, bückten wir uns unter die Büsche und hielten die Luft an. Manche konnten das richtig lange, vor allem Tim, aber der tauchte auch regelmäßig. Sobald der Kachelofen im Haus oder uns die Luft ausgegangen war, reckten wir unsere Köpfe wieder über das Gebüsch hinaus und dann war das

Zimmer hell und der Kachelofen so dunkelrot wie der Rotwein, den der Alte sich in sein Glas goss.

So saß er dann da, immer ungefähr eine Stunde, bevor er den Raum verließ und der Kachelofen wieder ein großer massiver schwarzer Klotz wurde. Wann immer der Alte aus dem Fenster blickte, duckten wir uns wieder hinter die Blätter und hofften, dass er keinen von uns entdeckt hatte.

Wir tuschelten dann immer ganz aufgeregt durcheinander, wie wir uns im Falle des Falles in alle Richtungen verstreuen würden, damit er nicht wüsste, wem er hinterherlaufen sollte und zogen Streichhölzer, um auszulosen, wer Richtung Wald laufen würde, denn dahin wollte niemand laufen. Vor dem Wald hatten wir auch Angst, zumindest abends, denn da wurde es dunkel und ein dunkler Wald ist fast noch furchteinflößender als der Kachelofen und sein Kachelofen.

Eines Abends, als wir uns nach seinem Blick aus dem Fenster zusammenkauerten, ich die präparierten Streichhölzer hervorholte und wir der Reihe nach zogen, ertönte plötzlich ein: „Wollt ihr Bonbons?“ Wir blickten nach oben, sahen den Kachelofen, also den Alten, nur damit das klar ist, und er sah noch furchteinflößender aus, als aus der Ferne. Er trug eine Brille, durch die seine Augen riesig wirkten, sein Bart war grau und die Haare wild ineinander verzwirbelt, seine Stimme klang dumpf und rau und seine Nase war groß wie eine Kartoffel.

So, wie wir das schon hundertmal in dem Garten von Julia geübt hatten, stoben wir mit lautem Kreischen in alle Richtungen auseinander. Gott sei Dank hatten alle auch ihre Turnschuhe dabei, nur ich machte einen Fehler. Ich ließ meinen Regenschirm liegen und als mir das auffiel, stoppte ich abrupt ab. Es war heute ein wunderschöner Sommertag, keine einzige Wolke am Himmel, sodass wir die Regenschirme auch hätten Zuhause lassen können, aber so ist das nun einmal bei Kindern, wenn einmal ein Ritual geschaffen wird, dann hält man sich daran und so hatte jeder seinen mitgebracht.

Was sollte ich jetzt machen? Ich konnte ihn doch nicht so hilflos dem Kachelofen überlassen. „Was würde Phantomias tun?", schoss es mir durch den Kopf und mir war klar, was ich zu tun hatte. Ich drehte mich um und sah, wie der Kachelofen meinen Regenschirm aufhob und in die Richtungen schaute, in die alle davongelaufen waren, aber da war niemand mehr, nur noch Tim, der fast beim Wald angekommen war. Ich schickte ihm in Gedanken noch kurz Kraft und ging dann langsam auf den Alten zu.

„Ist das deiner?", fragte er, als ich ein paar Schritte vor ihm stehen blieb.

„Ja." Mehr sagte ich nicht. Mein Herz pochte so heftig, dass ich das Gefühl hatte, dass seine Schläge in meinem ganzen Körper widerhallten.

„Na, dann lege ich den wohl wieder zurück."

Das tat er und als er bemerkte, dass ich keine Anstalten machte, noch etwas zu sagen, wandte er sich wieder zum Gehen. Ich nahm mir fest vor, mich erst wieder zu bewegen, wenn er wieder im Haus war und dann schnell mit meinem Regenschirm und meinen Turnschuhen wegzulaufen.

Doch in der Mitte der Straße hielt er inne und fragte lächelnd: „Willst du mal meinen Kachelofen sehen?"

Ich verfiel endgültig in eine kurzweilige Schockstarre. Was wollte der von mir? Eben noch hatte er angeblich Bonbons, und jetzt sollte ich seinen Kachelofen anschauen und noch dazu in seinem Haus, mit ihm zusammen und seinen großen Augen und dem wirren Bart? „Was würde Phantomias tun?", schoss es mir durch den Kopf und mir war klar, was ich zu tun hatte.

Im Haus war es angenehm kühl und nachdem mir der Alte eine selbstgemachte Minze-Limetten-Limonade im Glas gegeben hatte, die ich im Vorbeigehen immer portionsweise in seine Pflanzen kippte – man weiß ja nie –, kamen wir in den Raum mit dem Kachelofen. Dass ich das mal erleben durfte, mit dem Kachelofen und dem Kachelofen in einem Raum zu sein! Wahnsinn. Ich entdeckte, dass die Kacheln an dem Ofen Muster hatten und es so aussah, als würden sie lachen.

„Die Kacheln lachen ja", rutschte es mir unkontrolliert begeistert heraus.

„Naaaaa, nicht ganz. Kacheln lachen nicht. Sie lacheln", sagte der Alte und zwinkerte mir zu.

Ich lächelte schüchtern und dann wurde mir die Situation aber wieder suspekt und ohne Kommentar rauschte ich aus dem Zimmer, zurück zum Busch und mit meinem Regenschirm unter dem Arm zurück nach Hause.

Dort schrieb ich am Ende des Tages in mein Entdecker-Tagebuch: *Kacheln lachen nicht. Sie lacheln.* Ich fühlte mich, als hielte ich die Weltformel in meinen Händen.

Von dort an war es etwas Anderes, wenn ich mit unserer Truppe im Fall Kachelofen unterwegs war, ich fühlte mich heimlich wie ein Held und wusste gleichzeitig, dass ich niemandem davon erzählen durfte, weil sonst das Spiel kaputt wäre und weil ein Held mit seinen Taten einfach nicht zu protzen hat. Und es war auch zur Abwechslung mal ganz schön, ein Geheimnis ganz für mich allein zu haben.

Paulin Fisch

Zum Genuss dieses Buches empfehle ich …
Zeit zum Innehalten und einen guten Tee.

Diesen Text habe ich ausgewählt, weil …
Fahrradhelme unterbewertet sind.

Mein erster Auftritt war …
empowernd.

Poetry Slam ist …
wenn ich das Publikum spüren kann.

Freiburg braucht mehr …
Spätis.

Folge mir auf folgenden Kanälen …
@fischi.paulin auf Instagram

Frau Willhelm
Von Paulin Fisch

Es gab eine Sache in der Schule, die nie cool war: Fahrradhelme. Wer ist auch immer *mit* dem Fahrradhelm von zu Hause losgefahren, dann aber *ohne* in der Schule angekommen? Weiß auch nicht, wie das passiert ist. Wahrscheinlich waren das die Heinzelmännchen oder die Meinzelhelmchen…

„Andere Schüler haben sich krankgemeldet, wenn sie Kopfschmerzen hatten. Ich hab mich krankgemeldet, wenn ich Kinnschmerzen hatte. Ja, KINNschmerzen, die Schmerzen, wenn Mama mir den Helm zumachen wollte und dabei mit der Schnalle des Helms schön mein Kinn eingeklemmt hat. Hmm.“

„Ach so, könnte etwa darin die Ursache für Ihre Helmphobie liegen?“, fragt meine Therapeutin Frau Willhelm. Helmphobie – versuche ich zu begreifen.

„Ja, verdammt noch mal! Ich hasse Fahrradhelme! Ich will kein Loser sein. Kein beschissener Loser, der das Wort ‚Risiko‘ nur aus dem gleichnamigen Spiel kennt. Ich will RISK, verstehen Sie?“

„Ich verstehe Sie. Sie wollen RISK. Aber haben Sie schon mal über einen Airbag im Schal nachgedacht? Keine kaputten Haare, kein Schweißausbruch und kein…“

„Ja und KEIN RISK!“, brülle ich weiter.

Als hätte meine Therapeutin mich nicht gehört, spricht sie seelenruhig weiter: „Mein Vater hat immer gesagt: ‚Auf jeden Topf passt 'nen Deckel, auf jeden Kopf 'nen Helm!' Das hat mich auf die Idee gebracht, eine neue Dating-App zu entwerfen."

„Als hätten wir nicht schon genügend davon", denke ich.

„Auf der Dating-App findet man die Liebe unter den charmantesten Helmträgern", erzählt Frau Willhelm weiter. „Ich habe sie nach mir benannt: *Willhelm will Schelm*. In meinem Psychologiestudium habe ich gelernt, dass es einen kausalen Zusammenhang zwischen dem Partner fürs Leben und der Präferenz für Fahrradhelme gibt. Alles höchst wissenschaftlich natürlich."

„Ah ja." Ich ziehe eine Augenbraue nach oben.

„Anstatt, dass Sie die Bilder von Menschen nach rechts oder links swipen, machen Sie das bei *Willhelm will Schelm* mit Fahrradhelmen. Wenn Ihnen der Fahrradhelm gefällt, dann nach rechts, wenn nicht, dann nach links. Ganz einfach."

„Hmm…"

„Fahrradhelme sind ja auch super sexy. Ich kann mich nie entscheiden, welchen ich tragen soll."

Sie deutet auf ihren begehbaren Kleiderschrank. Ich muss mich korrigieren. Sie deutet auf ihren begehbaren Helmschrank.

„Hier, mein Lieblingshelm." Frau Willhelm holt einen Helm in Form einer Wassermelone heraus. „Damit kann ich meinen potenziellen Partnern zeigen, wie süß, melonensüß, ich bin. Oder hier, ein Haihelm!" Ein grauer Helm mit einer Haiflosse obendrauf. „Damit zeige ich, wie unberechenbar und gefährlich ich bin, ahhhrrr!"

Langsam überlege ich, ob *ich* nicht eigentlich auf dem Platz gegenüber sitzen sollte. Sie macht den begehbaren Kleider- äh Helmschrank wieder zu.

„Wie soll Ihre App denn funktionieren, wenn in Deutschland Helme so unbeliebt sind, dass wir gleich mal 5000 Stück in die Ukraine schicken?"

„Die App ist besonders bei Männern beliebt, die unter Glatzeritis leiden. Ganz nach dem Motto *helmet for bald head*. Ich möchte jetzt hier natürlich kein Glatzshaming betreiben. Man muss ja heutzutage aufpassen, was man sagt."

„HMMMMM!"

Mein Hm wird lauter. Langsam bewege ich mich aus meinem Stuhl heraus. Ich muss hier weg. Sofort. Frau Willhelm redet unbekümmert weiter, als würde ihr gar nicht auffallen, dass ich gerade die Flucht ergreifen will.

„Als mein Vater noch keine Glatze hatte, sondern noch feine Härchen mit der Dichte von Pi mal Daumen 10,5216 Härchen pro Quadratzentimeter, da habe ich eine Fahrradtour mit ihm gemacht. Wir haben eine Pause in einem gemütlichen, ländlichen Café eingelegt. Mein Papa setzte seinen Helm ab und da war er: der Punk. Mein Punkpapa hatte nicht nur einen Irokesen, sondern gleich fünf. Der Helm hatte seine Haare sorgfältig in fünf selbstständige Irokesen geformt, die seinen Punkpapacharakter perfekt betonten."

Ich schleiche mich langsam zur Tür. BING! Da ploppt eine Nachricht von Frau Willhelms *Willhelm will Schelm*-App auf.

„Schauen Sie mal, der Dirk. Spielt Fußball. Ah ja. Oh, schauen Sie, dabei hat er sogar seinen Helm auf. Dirk ist wirklich ein Fuchs. Im Gegensatz zu anderen Fußballern sterben seine Gehirnzellen bei den ganzen Kopfbällen nämlich nicht ab. Der wird 'nen schlauer Fuchs bleiben. Das sag' ich Ihnen."

Ich frag' mich, ob Dirk bei anderen Aktivitäten – Sie wissen schon – auch einen Helm aufhat. Safety first! Nicht nur beim Fahrradfahren. Dann könnte er meinen Haihelm aufsetzen und dann könnte ich ganz genüsslich seine Haiflosse reiten. Du schmutziger Dirk, du. An deiner Stelle würde ich den Helm noch fester ziehen. Mach das Rotlichtgeblinker an!"

„Oh Gott, das wird zu viel", denke ich und drücke die Türklinke nach unten. Gleich habe ich es geschafft.

„Ich muss schon sagen, dieser Dirk strahlt mit seinem Helm wirklich Autorität aus. Da bekommt man schon etwas Ehrfurcht. Das kann ich mir nächste Woche zunutze machen. Beim Gespräch mit meiner Chefin zur Gehaltserhöhung. Ich sollte unbedingt auch einen meiner Helme aufsetzen. Was meinen Sie, den Haihelm, den Melonenhelm oder den…?"

Noch bevor Frau Willhelm ihre Frage beenden konnte, rette ich mich in den Flur. Ich atme tief durch. „Puuuh, ENDLICH!"

Louisa Bahl

Zum Genuss dieses Buches empfehle ich …
heimisches Sofa, Baileys in rauen Mengen & genug Zeit.

Diesen Text habe ich ausgewählt, weil …
kurzhaarige Frauen in keine Schublade(n) gehören.

Mein erster Auftritt war …
am 24. November 2022 im Café Atlantik in Freiburg.

Poetry Slam ist …
Schreibkunst, Freigetränke, Kultur & menschelig.

Freiburg braucht mehr …
Wertschätzung für Texte & Themen fernab von Humor.

Folge mir auf folgenden Kanälen …
www.story.one/de/author/luca-blumberg/

Du Kampflesbe
Von Louisa Bahl

Diesen Text habe ich anlässlich des Weltfrauentages geschrieben, weil ich das seit Jahren gesammelte Material an widerfahrenen Ungerechtigkeiten endlich zu Papier bringen musste. Er widmet sich dem scheinbar kollektiven Schicksal kurzhaariger Frauen und trägt den wunderbar melodischen, inspirierenden und überhaupt nicht beleidigenden Titel: *Du Kampflesbe – das einzig Weibliche an dir sind deine Titten.*

Abends halb zehn in Deutschland: Ich stehe vor Selbstbewusstsein und Bock auf die Nacht strotzend an die Esstischplatte meiner Mitbewohnerin gelehnt und sie fragt mich, ob ich eigentlich wüsste, dass ich wie die typische „Münchner Kampflesbe" aussähe. Ich verneine, frage nach, was denn dafür spräche und sie antwortet: „Die Frisur reicht."

Halleluja! Endlich weiß ich, wo ich hingehöre! Nach dieser glorreichen Erhellung, welcher menschlichen Schublade ich angehöre, nach der ich seit mindestens zwei Jahrzehnten verzweifelt gesucht habe, finde ich mich in der Münchner Nachtgalerie wieder. Der Name täuscht, denn die

„Galerie" ist die mit Abstand ranzigste und zwielichtigste Absteige in ganz München.

Wir stehen draußen. Unser Gegenüber will Zigaretten. Doch so weit kommt er nicht, denn er meint: „Das Einzige, was dich zu 'ner Frau macht, sind deine Ohrringe. Ach ne, schau an, Titten hat se ja auch!" Er wirft einen ekelhaft-lüsternen Blick auf meine von einem T-Shirt gut verdeckte Brust, bevor er vor schallendem Gelächter und wackliger Trunkenheit fast umfällt.

Wir stehen sprachlos da, können nicht reagieren, so geschockt sind wir. Hat er das gerade wirklich genauso gesagt? Wir schauen uns an, schauen ihn an, sind immer noch sprach- und tatenlos. Irgendwann – ich weiß nicht mehr, wie lange wir da draußen schon in der Kälte stehen – zieht mich die Freundin weg von ihm und seinen Bros, die immer noch auf die Zigarette warten.

Während ich diese Zeilen schreibe, habe ich wieder Herzklopfen. Das alte Unverständnis und die Wut auf diese Art von Mann sind wieder da. Denn meiner Erfahrung nach waren es fast immer Männer. Gleichzeitig erinnere ich mich auch an die Hilflosigkeit. Die Hilflosigkeit, in diesen Momenten nie richtig zu wissen, was ich tun kann, soll und muss, damit diese Scheiße aufhört. Wie viel

Schlagfertigkeit genug Schlagkraft hat und gleichzeitig muss ich mich auch noch selbst schützen. Denn oft war ich die einzige kurzhaarige Frau in unserer Gruppe. Und damit die Einzige, der sowas passierte.

Doch ich war nicht die Einzige, der sowas passierte. Als gerade Corona nach Deutschland schwappte, gründete ich eine WhatsApp-Gruppe, um andere kurzhaarige Frauen zu fragen. Ich übertreibe oder verzerre die Antworten dieser Gruppe nicht, wenn ich sage, dass zwar gut die Hälfte dieser Frauen auch ehrliche Komplimente bekam oder positive Erfahrungen mit ihrer Kurzhaarfrisur machte. Aber ausnahmslos *jede* Einzelne wusste von mindestens einer unangenehmen Situation zu erzählen.

Wir kurzhaarigen Frauen werden nicht nur in die Lesben-, sondern auch in die Jungs-, KZ- und Krebserkrankungsschublade gesteckt. Auf der Damentoilette werden wir gefragt, ob wir uns in der Tür geirrt haben. Oft werden unsere kurzen Haare im gleichen Atemzug mit unserer früheren, doch-ach-so-viel-schöneren und weiblicheren Mähne verglichen. Nur weil Fußball unser Hobby ist, werden wir in Umkleiden, vor Toiletten oder auf dem Platz mit fragenden und beurteilenden Blicken bombardiert. Ungefragt werden wir gefragt:

- „Stört es dich denn nicht, dass du von hinten aussiehst wie ein Mann?“
- „Bist du nicht mehr mit deinem Freund zusammen?“
- „Musst du denn immer provozieren?“
- „Warum denn so aufmüpfig?“
- „Warum verschandelst du dich denn so, Kindchen?“
- Und mein heimlicher Favorit: „So kannst du doch nicht in die Kirche gehen!“

Oh doch, und wie ich das kann, denn ich habe zwei gesunde, haarige Beine, mit denen ich meine kurzen Haare durch die Welt tragen werde, bis du mit Haut und Haar akzeptierst, dass es nicht dein fucking business ist, wie frau ihr Haar zu tragen hat.

Denn darum geht es doch eigentlich: Was wir wollen. Und nicht, was andere nicht wollen. Laut einer Studie mit dem Titel „Die Sprache der Haare“ trauen sich 35 % der befragten Männer zu, den Haaren anzusehen, ob eine Frau intelligent ist oder nicht. Frauen-Magazine wie die „Barbara“ oder „Brigitte“ titeln dazu auch gleich die passenden Persönlichkeitsprofile, an denen sich das hellsehende Drittel dieser Studie entlang hangeln kann: Eine lange, glänzend gepflegte Mähne zeugt von Unkompliziertheit, Kompromissbereitschaft und dass viel Zeit und Geld ins Äußere gesteckt wird. Das passt doch perfekt zum Klischee-Rollenbild, von dem sich zumindest ein gewisser Teil der Frauen lösen will.

Um auch mal die andere Seite aus der Elitepartner-Community zu zitieren: „Ich will keine freche und pfiffige, sondern eine hübsche, feminine, süße Frau als Partnerin! Eine Frau mit kurzen Haaren geht gar nicht! Und da wundern wir uns, wenn es immer mehr Singles gibt. Es gibt so gut wie nichts mehr, was uns Männer ansprechen würde. Also Mädels, werdet mal wieder zum unwiderstehlichen Vamp und nicht zum Bubi."

Falsch. Ein Mann mit deiner Einstellung geht gar nicht. Ich hoffe, Männer wie du bleiben für immer Single. Denn es gibt absolut nichts, was an so einer Einstellung ansprechend wäre. Wir können Vamp, Girl, Unternehmerin, Vorbild, Hausfrau, Bauarbeiterin – alles gleichzeitig und noch viel mehr.

Aber du hast Angst. Vor Frauen, die nicht nur einzig und allein deinem Wunschbild entsprechen wollen. Denn das wollen wir nicht. Wir wollen sein, wer wir sind. Deshalb stellvertretend für alle sprachloszurückgelassenen, schüchternen, auf-sich-allein-gestellten, abschätzig angeschauten, kurzhaarigen Frauen: „Fuck you!"

Ima

Zum Genuss dieses Buches empfehle ich …
eine Tasse guten Tee!

Diesen Text habe ich ausgewählt, weil …
er mir früher gut getan hätte.

Mein erster Auftritt war …
episch!

Poetry Slam ist …
Stimme finden!

Freiburg braucht mehr …
Poetry Slam! Es geht immer mehr!

Folge mir auf folgenden Kanälen …
@poetry_ima_ auf Instagram

In guten Händen
oder doch eher ausgehändigt?
Von Ima

An einem warmen Samstagmittag laufen wir beide den Rhein entlang, rein in lange Gespräche. Ich weiß, dass deine Lieblingsfarbe Blau ist und was du so beruflich machst. Du weißt, dass ich immer singe, zum Leid meiner Nachbarn. Wir kennen unsere Vor- und Nachnamen und können uns diese mittlerweile auch merken.

So beim Laufen schwingen meine Hände an den Streifen deiner Hose vorbei und deine schwingenden Hände streifen meine. Mein Herz bleibt für einen Moment stehen. Ich habe das hier nicht in der Hand, aber deine… ja deine, die hätte ich gerne in der Hand.

Wir haben beide nichts geplant, war auch gar nicht extra, was hier so passiert – aber Hand aufs Herz – mein innerer Motor fährt auf Vollgas.

Irgendwas zieht meine Hand zu deiner und auch wenn es sicher nicht die Schwerkraft sein kann, dann ist es doch irgendeine schwere Kraft, die alles dafür geben würde, meine Hand mit deiner zu verzahnen. Irgendwie scheinst du dasselbe zu denken und in einer Zeitspanne, die viel zu kurz und viel zu lang im selben Moment zu sein scheint, lehnt sich deine Handinnenfläche an meine und unsere Finger sichern ab, dass sich das so schnell auch nicht mehr ändert.

Die Schmetterlinge in meinem Magen nutzen die Gunst der Stunde, um alle im selben Moment einmal nach oben zu flattern.

Und gleichzeitig hat mein Körper alle Hände voll zu tun, denn neben den Schmetterlingen hat auch die Angst ihr Handtuch ausgebreitet und sie grüßt mich heute besonders laut.

„Warum die Angst?“, fragt ihr euch vielleicht. „Hat doch alles geklappt.“

Aber… kennt ihr meidende Hände? Meisterinnen im Wegziehen?

Ich schaue sie an und frage mich, ob sie diese Sorge auch kennt. Hände, die sich entziehen. Hände, die fliehen. Nicht wegen Handschweiß oder Handkrämpfen oder weil man eben die Haare richten muss.

Sondern aus Gründen, die viel existenzbedrohendere Namen tragen. Gründe namens Schutz. Namens Wut. Namens Angriff. Hände, die sich zu Fäusten ballen, statt sich ineinander zu verzahnen. Religion. Gesetz. Homophobie.

Denn meine Hände kennen diese Gründe. Sie wissen, wie es ist, alleine durch die Luft zu baumeln, da die Angst vor schlimmeren Konsequenzen viel stärker war als die fehlende Geste der Zusammengehörigkeit.

Sie kennen Blicke. Sie kennen auch böse Worte. Speichel auf Kleidung, den die Leute anstelle ihrer verachtenden Worte auf Textilien überreichen. Falsche Komplimente und Wünsche nach Dreiecksvergnügen. Ob ich und sie und eben Person Y vielleicht Lust hätten? Und ob ich sicher nur Frauen mag? Und dass man ja mal fragen darf... nachts um drei im Dunkeln... sei ja ganz normal.

Und dann gibt es noch die, die diese Zärtlichkeit zweier Hände so wenig vertragen, dass sie sogar mit Fäusten Widerstand leisten müssen. Dass sie im Namen ihrer Heimat, Religion oder im Namen ihrer großen Furcht vor allem, das irgendwie anders ist, einfach nicht anders können, als ihre Hände zusammenzuknüllen, um sie als Waffe zu benutzen. Gegen mutige queere Körper, in denen gerade die Schmetterlinge im Sturzflug durch die Magengrube brausen, bevor es Fäuste tun.

Ich habe keine Wut auf die Menschen, die an den meidenden Händen hängen. Ich bin auch nicht verletzt oder enttäuscht. Nein, ich fürchte mich mit ihnen. Alle diese mutigen Seelen, diese schlauen Köpfe, diese großen Herzen, haben die Hände nicht von meiner gelöst aus einer Boshaftigkeit. Ich weiß, es liegt nicht an Ihnen. Es liegt an der Welt. Ich reiche ihnen metaphorisch die Hand. Auch wenn es keiner sehen darf.

In so einer Bedrohung heißt es:
Schauen, was man eben kann.
Und an ihrer Hand
ist eben noch ein Körper dran.
Mit Geschichte, mit Päckchen,
mit Gehirn und Gefühl.
Und wenn du lieber sicher bist –
dann ist das auch, was ich will.

Und nun denken sicher einige:
Aber das ist ja hier nicht mehr so!
Hier in Deutschland läuft doch alles,
das passiert nur irgendwo!
Alles ist hier möglich und alles ist hier frei!
Im Discounter hängt 'ne Pride Flag!
Komm doch mal vorbei!

Wenn ich so etwas höre, dann tauchen in meinem Kopf solche Abende auf, an denen mir große Herzen mit weinenden Augen erzählt haben, wie viel Angst in ihnen wohnt. Wie viele Blicke ihren Nachhauseweg verfolgten. Wie viele Hände sie ungefragt berührten, mit falscher Wut und falscher Lust. Wie viele Fäuste auf ihren mutigen Körpern landeten. Wie viele Menschen allein durch ihre

Existenz gegen Gesetze verstießen, weil es an vielen Orten verboten ist zu lieben, wen man will, oder aus der Norm herauszufallen.

Und das sage nicht nur ich. Die Liste queerfeindlicher Anschläge und Angriffe in Deutschland spricht auch Bände:

07. Januar 2020, Berlin:
Homophober Angriff
12. Februar 2020, Thüringen:
Rechtsextremisten ermorden Homosexuelle
Sommer 2021, Bonn:
Überfälle bei Dates
27. August 2022, Münster:
Tödlicher Faustschlag während CSD
13. Februar 2023, Berlin:
Homofeindlicher Angriff
19. Mai 2023, Neuenburg am Rhein:
Du und ich

Wir halten Händchen und tangieren eine Gruppe Menschen. Mein Herz stockt für eine kleine verletzte Weile, doch du nimmst die Weile in den Arm und lässt sie nicht los. Lässt uns nicht los. Und während sich unsere Handinnenflächen gegenseitig als Anker dienen, kann ich für einen Moment vergessen, dass diese kleine Geste andere gerade sogar das Leben kosten könnte.

Liebe Welt,

wenn ihr zwei Menschen seht, die mit Schmetterlingen in ihren Eingeweiden mutig durch die Welt schreiten, dann wisst ihr nie, ob der Griff von Angst beherrscht ist und wie lange die Hand dort liegen bleibt, bis der Wunsch nach Sicherheit überwiegt.

Liebe Welt,

eine zärtliche Hand, die sich in eine andere schmiegt, ist immer mehr wert als eine Faust im Gesicht. Egal, wer Händchen hält und egal, wer wem gefällt. Wir halten keine Hände, um zu provozieren. Wir halten Hände, weil unsere Hände einfach nicht anders können. Denn Sie mag Sie und Er mag Ihn und Sie mag Ihn und es ist am Ende einfach nur das Normalste auf der Welt: Liebe!

Liebe Welt,

ja, ich bin ein großer Fan von Sicherheit und verstehe jede meidende Hand, weil wir dieselbe Gefahr teilen. Und trotzdem, bitte glaubt mir, gibt es kein besseres Gefühl, als wenn der Händedruck sich hält.

Lieber Mensch,

der mit mir am Rhein entlanglief, um erst ganz mutig nach meiner Hand zu greifen und dann noch viel mutiger daran festzuhalten: Ich wollte mich bedanken, dass du mich in einer Welt, in der das sicher nicht selbstverständlich ist, nicht ausgehändigt hast, sondern ich in guten Händen war.

Pauline Hagmann

Zum Genuss dieses Buches empfehle ich …
eine Discoschorle, damit wirst du super schnell.

Diesen Text habe ich ausgewählt, weil …
er ein absoluter Wohlfühlen-Bühnenmomente-Text ist.

Mein erster Auftritt war …
geil, hab 'ne Kartoffel als Trostpreis gewonnen.

Poetry Slam ist …
wenn Menschen mir sieben Minuten zuhören MÜSSEN!

Freiburg braucht mehr …
Meer. Stell dir vor! Die sonnigste Stadt mit Meerblick…

Folge mir auf folgenden Kanälen …
@paulechocolate auf Instagram

Die Schnittblume
Von Pauline Hagmann

Ihre Schönheit, die vollkommen scheint
Sie leuchtet und strahlt von innen drinnen
Doch sie wird nicht gewinnen
Sie steckt bereits fest in der Falle
Ihre Schönheit, die vollkommen scheint
Der Schein wird euch trügen
Und täuschen, euch alle
Ihr werdet nicht sehen
Wie sie stumm schreit vor Schmerz
Und innerlich weint
Weil sie weiß, dass sie
Schon bald nicht mehr lebt

Als kleiner Samen fing alles an
Zuerst tiefe Wurzeln mit vielen Ranken dran
Und irgendwann dann
Erblickte das erste Blatt das Licht der Welt
Von dieser Sekunde an
Gab's nichts, was sie noch hält

Elegant wächst sie hoch hinaus
Als würde sie den Himmel berühren wollen
Spitze Dornen kommen aus ihr raus
Kleine Knospen, die schöne Blüten werden sollen
Sie streckt ihre Blätter weit weg von sich aus
Und wenn sich ihr jemand nähert, dann stich

Sie ist so wunderbar, so herrlich
Sie verzaubert mich und dich

Sie spürt, wie sie lebt
Wie alles in ihr nach oben strebt
Und sich ihre Blüte der Sonne zudreht
Wie ihr gesamtes Erscheinungsbild bebt
Wenn sie im lauen, leisen Winde weht

Sie spürt eure Blicke auf sich
Wie ihr dicht neben ihr steht
Freut sich im ersten Augenblick
Dass ihr sie seht
Ahnt nicht
Dass alles so schnell geht

Angezogen von ihrer Schönheit
Die vollkommen scheint
Die leuchtet und strahlt
Von innen drinnen
Bis nach außen hin
Nähert ihr euch Schritt für Schritt
Mit Schere und Handschuhen ausgestattet

Sie versucht noch, sich zu wehren
Will euch mit ihren Dornen eine Lektion lehren
Doch sie hat keine Chance gegen eure Methoden
Ein Kampf ausgetragen von viel weiter oben
Als sie selbst es je für möglich gehalten hätte

Ein Kampf, der auf sie herab blickt, ohne Respekt
Eine für sie verhängnisvolle Ereigniskette

Schnipp, Schnapp, oberes Drittel ab
Ihr Stiel wird keine Blüte mehr tragen
Schnipp schnapp, störende Dornen ab
Wie können sie es wagen
Schnipp Schnapp, hässliche Blätter ab
Die sich doch erst kurz vorher ausgebreitet haben
Schnipp schnapp, alles ab
Worin ihre Werte und Eigenschaften lagen
Schnipp Schnapp
Weg und ab

Ihre Schönheit, die vollkommen scheint
Aber das Leuchten und Strahlen ist bereits verblasst
Ihre Schönheit, die vollkommen scheint
Auf die ihr euch getrost verlasst
Doch der Schein trügt
Und täuscht euch allen etwas vor
Denn was ihr nicht seht:
Wie sie ihre Hoffnung verlor
Wie sie stumm schreit vor Schmerz
Und innerlich weint
Weil sie weiß
Dass sie bald nicht mehr lebt

Sie ist eine Geste der Liebe
Denn wenn ich eine Rose kriege

Dann weiß ich meistens ganz genau
Dass ich der Person am Herzen liege
Sie stellt Emotionen und Gefühle zur Schau
Doch wir wissen alle ganz genau
Ihr restliches Leben ist ab jetzt nur noch grau

Obwohl ihr sie anhimmelt und liebt
Sie für euch temporäre Schönheit gibt
Sie jeden Tag frisches Wasser kriegt
Obwohl man sagt, dass die Liebe siegt
Wird sie nie mehr so aufgehen
Wie an dem Ort, an dem ihr sie raubtet
Nie mehr so, wie in dem Moment
In dem ihr sie enthauptet
Habt und ihre Blüte mitnahmt

Der Rest ihrer Existenz
War euch völlig egal
Ihr Körper, ihre Wurzeln
Ihr Fundament
Welches ihr Leben schenkt
Und sich zurückgelassen vorfand

Ihr bekamt das alles
Sie wurde zum Symbol eurer Liebe
Eurer Liebe zueinander
Ohne Rücksicht auf Verluste
Verluste eines Lebens
Das euch nicht betraf

Nur für temporäre
Schönheit und Symbolik

Ist es das, was ihr wirklich wolltet?
Ihr kamt, saht und nahmt
Ohne eine Sekunde
Des Zögerns oder Denkens
Ohne einen Gedanken
Daran zu verschwenden
Was für eine Tat
Ihr in dem Moment begeht
Denn alles, was ihr seht
Ist ihre Schönheit, die vollkommen scheint

Ihre Schönheit, die vollkommen scheint
Aber nach wenigen Tagen wieder vergeht
Ihr inneres Leuchten, das sie verlor
Ihre Schönheit, die vollkommen scheint
Doch der Schein trügt
Und täuscht euch allen etwas vor
Denn was ihr nicht seht:
Wie sie stumm schreit vor Schmerz
Und innerlich weint
Weil sie weiß
Dass sie wirklich nicht mehr lange lebt

Die Schnittblume steht nun in einem Glas
Ihr habt sie schon längst wieder vergessen
Sie hat schon längst wieder vergessen

Wer sie einmal war
Woher sie kam, wie sie nach Leben
Strebte dem Himmel entgegen
Ihre hängende Blüte
Spiegelt ihre Stimmung wider

Sie fühlt sich vorgeworfen wie zum Fraß
Sie wünschte, sie wüsste
Was sie vergaß
Sie wünschte, sie wüsste
Wie ihre Dornen abschreckten
Wie sich kleine Käfer
In ihren Blättern versteckten
Wie sich Bienen
Um sie herum neckten
Weil sie ihren
Nektar schmeckten
Wie sich alle ihre Knospen
Der Sonne zu reckten
Und die Lichtstrahlen
Sie aus dem Schlaf weckten
Wie sie lebendig war, alles das
Sie wünschte, sie wüsste noch
Was sie vergaß

Doch an dieser Stelle ist nur noch
Ein dunkles, tiefes, schwarzes Loch
Das sich immer weiter ausbreitet
Und sich in alle Richtungen weitet

Weil sie im Galopp geradewegs
Auf den Tod zureitet

Ihre Schönheit, die vollkommen schien
Und ihr zum Verhängnis wurde
Ihre Schönheit, die nach wenigen Tagen wieder verging
Ihr inneres Leuchten, das sie verlor
Die Schönheit, die für immer verloren scheint
Doch der Schein trügt
Und täuscht euch allen was vor
Denn was ihr nicht seht:
Dass sie dort, wo ihr Körper, ihre Wurzeln
Und ihr Fundament steht
Ein anderer Samen Wurzeln schlug
Und bereits eine neue
Wunderschöne Blüte aufgeht

Lily Sabath

Zum Genuss dieses Buches empfehle ich …
Zartbitterschokolade, 70%.

Diesen Text habe ich ausgewählt, weil …
er mir am Herzen liegt.

Mein erster Auftritt war …
in der KOHI-Bar in Karlsruhe.

Poetry Slam ist …
ein bisschen Unsinn, Kunst und ganz viele tolle Menschen.

Freiburg braucht mehr …
Hundekotbeutelspender.

Folge mir auf folgenden Kanälen …
@witchessabath auf Instagram

Abschiedsbrief
Von Lily Sabath

Wie du weißt, schreibe ich nicht für dich. Ich schreibe schon immer nur für Publikum und gegen die Stimme in meinem Kopf, die mir sagt, dass ich es nicht kann. Ich schreibe keine Liebesbriefe, keine Gedichte an geliebte Personen, nicht mal Post-its mit süßen Worten darauf, wie du.

Wie du weißt, schreibe ich nicht für dich. Vielleicht wolltest du mich einfach nur zwingen, es doch zu tun, und meine Dickköpfigkeit endgültig besiegen. Denn jetzt sitze ich hier und schreibe einen Brief, ausgerechnet einen Brief. Ich hasse Briefe.

Es gibt E-Mail, Messenger, Sprachmemos, Telefonate, von mir aus Postkarten, aber bitte keine Briefe. Doch jetzt zwingst du mich dazu, einen Abschiedsbrief zu schreiben, weil das die einzige Ausdrucksform für diesen Anlass ist, die ich kenne.

Abschiedspostkarten erscheinen mir etwas geschmacklos, denn was soll ich in einem Satz schon sagen? Hier ist es nicht gerade wie im Urlaub, aber wenigstens kann ich noch irgendwas erleben, nicht so wie du? Taktloser als ein kaputtes Metronom.

Nicht, dass es einen Unterschied machen würde. Dieser Brief ist sinnlos, er wird dich nie erreichen und ausnahmsweise ist das nicht die Schuld der Deutschen Post, sondern deine eigene.

Du bist gegangen und ich kann dich nie wieder erreichen. Zustellung unmöglich, auf Lebenszeit. Also meine, deine ist ja abgelaufen, du hast dich frühzeitig ausgestempelt.

Keine Lust mehr gehabt und aus Frust einfach hingeschmissen, scheiß auf die Konsequenzen, denn da, wo du jetzt bist, gibt es Konsequenzen genauso wenig wie Zustelladressen für Abschiedsbriefe oder meinetwegen Abschiedspostkarten. Aber vielleicht wäre eine Postkarte doch besser gewesen. Was soll ich in tausend Sätzen sagen, das nicht auch in einen passt? *Es ist schön hier, ich vermisse dich. Ich liebe dich, ich wünschte, du wärst auch hier.*

Eine ganz normale Postkartennachricht aus Fuerteventura oder Mexiko oder dem Diesseits, die Millionen Mal so geschrieben worden.

Im Großen und Ganzen sind wir nichts Besonderes. Im Kleinen und Halben wahrscheinlich auch nicht so sehr. Wie viele andere Menschen auch mag ich heiße Schokolade und Socken mit süßen Motiven und das Geräusch mechanischer Tastaturen beim Textetippen. Wie viele andere Menschen auch magst du Früchtetee und zu große Pullover und das Gefühl von frisch gewaschener Bettwäsche auf der nackten Haut. Mochtest. Du mochtest. Du hast all das zurückgegeben, hinter dir gelassen, eingetauscht gegen Nichts und ein ruhiges, schattiges Plätzchen ohne Zustelladresse für Briefe oder Postkarten.

Du konntest die kleinen Freuden im Leben immer schätzen und du hast geschätzt, dass ihr Wert weit unter dem der großen Traurigkeiten liegt.

Ausnahmsweise will ich dir nicht recht geben. Ich will dir sagen, dass du dich verschätzt hast, einfach falsch kalkuliert. Ja, ein ruhiges, schattiges Plätzchen ohne Zustelladresse klingt ziemlich gut, denn wer keine Briefe bekommt, bekommt auch keine Rechnungen oder Mahnungen oder freundliche Erinnerungen, die wie Mahnungen klingen.

Wer nichts mitbekommt, weiß nichts von den neuesten Kriegen und Tragödien. Wo niemand ist, kann dir niemand mehr wehtun. Unter der Erde ist ein Körper sicher vor Übergriffen und gewalttätigen Griffen und anderen schrecklichen Begriffen. Du hast kalkuliert und deine Entscheidung getroffen.

Aber ich verstehe nicht, warum du die Rechnung ohne mich gemacht hast. Warum ich kein Faktor war, den es aufzuwiegen, einzurechnen, wertzuschätzen galt. Ich verstehe nicht, warum du überhauptgerechnethastbeidieserEntscheidung. Das ist, wie im Deutsch-Abi über Matrizen zu schreiben.

Hast du einfach nicht verstanden, worum es geht? Oder wolltest du nicht darüber reden, weil man nicht weiß, wo es endet, wenn man einmal davon anfängt? Wolltest du nicht, dass deine Lebensgeschichte eine unendliche Geschichte wird?

Man trifft so oft auf die Monster, die man schon am besten kennt und kann sie doch nicht besiegen. Vielleicht warst du einfach zu müde vom Versuchen. Vielleicht warst du wütend, dass du deine Geschichte hast und haben musst. Die ersten Seiten wurden für dich geschrieben und eine Geschichte nach so einem miesen Start zu retten, ist schwer. Vielleicht warst du einfach zu frustriert davon, Protagonist, aber kein Held zu sein, eher in einer fatalistischen Satire zu spielen als in einer seichten Liebesgeschichte. Vielleicht hast du das Interesse verloren und wolltest nicht wissen, wie es weitergeht.

Kein Happy End für dich, eigentlich gar kein Ende, du hast einfach mitten im Satz aufgehört.

Du hättest mehr vor als hinter dir gehabt, aber das hinter dir war einfach zu groß und zu schwer, das hinter dir hat sich dir dreist in den Weg gestellt und es gab keinen Rückweg, nur einen Ausweg. Du hast ihn genommen und auch wenn ich es verstehe, ein bisschen hasse ich dich dafür, und das nicht nur, weil ich jetzt deswegen einen Abschiedsbrief schreiben muss. Sondern vor allem, weil er nie ankommen wird, nie ankommen kann.

Es ist schön hier, ich vermisse dich. Ich liebe dich, ich wünschte, du wärst auch hier. Ich hasse, dass ich alles schreiben kann, außer deine Geschichte.

Du wolltest diese Geschichte nicht weiterführen, weil du keinen Sinn darin gesehen hast. Ich kann sie nicht für dich weiterschreiben, aber ich kann trotzdem etwas hinzufügen. Eine Art Epilog. Epilog klingt besser als Abschiedsbrief und ein Epilog braucht keine Zustelladresse.

Dies ist er nun also – dein Epilog:

Du hast mich dazu gebracht, einen Brief zu schreiben, obwohl ich nie für andere schreibe. Ich werde nichts Kitschiges oder Furchtbares oder furchtbar Kitschiges sagen, wie „Du lebst in meinen Worten weiter", weil du auch in meinen Worten sehr tot bist. Du musst aber auch nicht in ihnen leben. Es war immer deine Geschichte und dein Ende. Ich habe kein Recht, sie umzuschreiben und ich liebe all die Teile, die du darin spielst. Ich will nur dafür sorgen, dass sie gehört wird.

Du bist im Nirgendwo, wo es nichts gibt und ich bin im Hier, wo es viel zu viel gibt. Und vielleicht ist nicht die Distanz das Wichtige, sondern die Nähe, die mal war. Vielleicht kann ich besser damit leben, dass du es nicht mehr tust, wenn ich an die Momente in meiner Geschichte denke, die ich wegen dir hineingeschrieben habe. Sie gehören zu meinen liebsten. Du konntest den Schmerz aus meiner Geschichte genauso wenig ausradieren wie ich den aus deiner. Aber das musstest du auch nicht, weil du mir ein viel größeres Geschenk gemacht hast.

Du hast dich hineingeschrieben.

Der letzte Gerhard

Zum Genuss dieses Buches empfehle ich ...
eine Kugel Meerretticheis.

Diesen Text habe ich ausgewählt, weil ...
er mir aus der nicht vorhandenen Seele spricht.

Mein erster Auftritt war ...
2017 in Pfullingen in irgendeiner Sparkasse.

Poetry Slam ist ...
inspirieren und inspiriert werden.

Freiburg braucht mehr ...
Käsekuchenstände!

Folge mir auf folgenden Kanälen ...
@DerletzteGerhard auf YouTube

Der letzte Gerhard
Vom letzten Gerhard

Ich werde des Öfteren auf der Straße von wildfremden Leuten angesprochen, die mich fragen: „Der letzte Gerhard, du Licht meines Lebens, wie fühlt es sich an, der letzte seiner Art zu sein?"

Keine Ahnung. Ich bin ein Gerhard. Wir fühlen nichts. Die drei Gefühle eines Gerhards sind Hunger, Durst und Stein. Wobei ich mir beim letzten nicht sicher bin, ob das überhaupt ein Gefühl ist.

„Aber, der letzte Gerhard, du Einstein in Adonisgestalt", fragen mich dann die Leute, „wie kommt es, dass die Gerhards aussterben, wo es ihnen doch augenscheinlich weder an gutem Aussehen noch an Intelligenz mangelt?"

Gute Frage. Früher gab es uns ja an jeder Straßenecke. Da konnte man keine zwei Meter laufen, ohne über einen Gerhard zu stolpern. Aber das ist vorbei. Wir Gerhards sind leider hochallergisch gegen Dummheit. Und die ist in den letzten Jahren rapide angestiegen. Ich erinnere nur an das große Massengerhardsterben von 1962, als die Pizza Hawaii erfunden wurde.

Aber damals war alles noch harmlos. Vor dem Internet spielte sich die Dummheit der Menschen noch im Verborgenen ab – Stichwort Hodenpiercing. Aber dann hatte plötzlich jeder die

Möglichkeit, seine unreflektierte Meinung in die Welt hinauszuposaunen. Ich weiß gar nicht, wie viele Gerhards vor dem Bildschirm verendet sind, weil sie den Fehler gemacht haben, die Kommentarspalten von YouTube und Twitter zu lesen. Von TikTok will ich gar nicht anfangen.

Ich selbst stand schon an der Schwelle des Todes, habe vier Tage auf der Intensivstation gelegen, als ich aus Versehen bei einem Freund eine Szene aus dem Dschungelcamp gesehen habe. Die Krankenschwester meinte, ich habe im Schlaf geschrien. „Ich bin ein Gerhard, holt mich hier raus!", habe ich immer wieder gerufen.

2017 kam Trump an die Macht. Und jedes Mal, wenn der sein Maul aufgerissen hat, ist in China ein Sack Reis und in Deutschland ein Gerhard umgefallen. Wir dachten eigentlich, schlimmer könnte es nicht mehr kommen.

Doch dann kam Corona. Und ich meine nicht die Krankheit, wir Gerhards sind hart, das steht schon im Namen. Nein, ich meine die DUMM-HEIT, die mit ihr einherging!
Bill Gates, der die Bevölkerung reduzieren will! QAnon! Kinder, die von der Oberschicht entführt und ausgesaugt werden! 5G Handymasten, die Corona verbreiten! Xavier Naidoo… blablabla… da

entschlossen sich manche Gerhards dazu, sich noch eine vierte Spritze zu setzen.

Ein anderer Gerhard ist aus Versehen an die Front einer Coronademo gelangt. „Lieber ein toter Bürger als ein besorgter Bürger", steht nun auf seinem Grabstein.

Sollte da draußen noch ein Gerhard existieren, so rate ich diesem dringend, sich von folgenden Dingen fernzuhalten:

Bananenschneider, Selfiesticks, digitale Bilderrahmen, Mario Barth, Star Wars sieben bis neun.

MEERRETTICHEIS! – warum zum Fick gibt es MEERRETTICHEIS? – Ich hab das nicht gegessen, ich bin ja nicht lebensmüde. Wenn ich mich umbringen möchte, lese ich die Bildzeitung oder das Parteiprogramm der AfD, aber meine Schwester hat davon probiert und auch die ist beinahe verreckt, dabei heißt die gar nicht Gerhard, sondern Gerlind.

DEUTSCHE KOMÖDIEN! Andere Menschen haben Albträume von Riesenspinnen und Horrorclowns. In meinen Alpträumen jagt mich Til Schweiger in einem Manta durchs Ruhrgebiet. In der Ecke Duisburg werde ich eingekesselt und er versucht mir einen Witz zu erzählen. Kurz bevor ich sterbe, wache ich schreiend auf.

ABSINTH! Wer Absinth anzündet und trinkt, kann sich auch gleich selbst anzünden. Alternativ kann er auch einfach den Absinth trinken. Das ist genauso schädlich.

Aber es gibt auch andere abstruse Formen des Alkohols. Eine Bekannte hat ihren Sohn Gerhard genannt. Die war glücklich, dass sie nach der Schwangerschaft wieder saufen konnte. Ist in eine Bar gegangen und hat ein Bananenweizen bestellt. Das hat Klein-Gerhard nicht verkraftet.

GLOBULI! Je mehr man schüttelt, desto besser wirkt's. Das klappt vielleicht beim Sex, aber doch nicht bei Pillen!

HOROSKOPE! Ich persönlich schreibe auch Horoskope für jeden, der möchte. Vorhersagen, die für diese Person garantiert eintreffen werden. Zum Beispiel, dass meine Faust auf sein Gesicht treffen wird.

„Aber der letzte Gerhard, du Hoffnungsträger der Menschheit, wie hast du es als Einziger geschafft, dieser Dummheit zu trotzen?"

Ich bin abgehärtet! Ich hörte von einem Mann, der sich regelmäßig Schlangengift einflößte, um gegen deren Bisse immun zu werden. Seitdem fresse ich täglich ein Globuli. Und davor schüttle ich es siebenmal, während ich synchron den Kopf schüttle.

Aber die Dummheit der Menschen wächst rapide. Ich musste die Dosis erhöhen. Ich habe schon überlegt, ob ich auswandern soll. Aber die menschliche Dummheit reicht leider von Grönland bis hinunter nach Südafrika. In keinem Land der Welt ist man sicher.

„Aber der letzte Gerhard, du Bild von einem Mann, Südafrika ist doch ein Kontinent."
Ich ziehe ein Klappmesser aus der Hosentasche. Heute wird es Tote geben! Ich weiß nur noch nicht genau, wem ich es ins Auge ramme.

Marvin Suckut

Zum Genuss dieses Buches empfehle ich …
Aperol Spritz. Alles wird besser mit Aperol Spritz.

Diesen Text habe ich ausgewählt, weil …
ich hoffe, dass ihr viel Spaß beim Lesen habt.

Mein erster Auftritt war …
eine der schönsten Erinnerungen, die ich habe.

Poetry Slam ist …
viel geiler, als die meisten denken.

Freiburg braucht mehr …
trolleyfreundliche Pflastersteine.

Folge mir auf folgenden Kanälen …
@marvinsuckut auf Instagram

Malle Malle
Von Marvin Suckut

9:10 Uhr

Ich verstehe nicht, warum Menschen beim Boarding drängeln. Ist ja nicht so, als ob der Flieger einfach irgendwann die Türe zumacht, losfliegt und die Hälfte der Leute sich an die Tragflächen hängen müssen. Es gibt auch Nichts umsonst, für das es sich lohnt, früher drin zu sein. Ganz im Gegenteil. Es ist ja einfach alles teurer. Ich kann verstehen, warum Menschen während des Fluges das Kondenswasser von den Scheiben lecken.

Eigentlich habe ich einen Fensterplatz, als ich diesen aber einnehmen möchte, tippt mir ein etwa 40-jähriger Mann auf die Schulter.

„Hallo, entschuldigen Sie, ich bin Ingo und das ist mein allererstes Mal im Flugzeug, hätten Sie etwas dagegen, wenn ich am Fenster sitze? Ich muss einfach während des ganzen Fluges nach draußen schauen, ich stelle mir das so wahnsinnig faszinierend vor. Ich würde Ihnen auch ein Wasser spendieren.“

„Ja, Mensch Ingo“, sage ich, „auf jeden Fall. Das Wasser nehme ich gerne, bei fünf Euro die Flasche und der Tatsache, dass wir die nächsten zwei Stunden sehr eng beieinander sitzen werden, hat das ja fast schon was von einem Date.“

Ingo lächelt verlegen, setzt sich an das Fenster und schläft direkt ein. Ich bin so frei und schnalle ihn an.

Zu meiner Linken setzt sich eine Frau in ihren 60ern auf den noch freien Platz in der Dreierreihe.

„Hallihallo, ich bin Gudrun. Na? Geht's auch nach Malle? Hihi…"

Ich bin mir nicht sicher, ob Gudrun mit mir flirtet oder ob sie einfach nur dumm ist.

„Jup", sage ich, „Mallorca."

„Hihi, ich auch. Was für ein Zufall. Malle, Malle, Party, Party."

Die Sache ist geklärt, sie ist dumm.

Zwei Reihen vor uns sitzt ein Junggesellenabschied, der lauthals „Hulapalu" von Andreas Gabalier grölt. Ich frage mich, wie mein Junggesellenabschied wohl aussehen würde. Irgendwas Entspanntes. Museumsbesuch oder so. Vielleicht auch eine Runde Boule im Park. Oder etwas, um sich nochmal so richtig jung zu fühlen. Ein Bingo-Abend im Seniorenheim oder so. Apropos Bingo. Ingos Kopf lehnt an der Fensterscheibe. Sein Atem lässt die Scheibe in Rhythmus seiner auf und ab wiegenden Brust beschlagen. Es hat etwas Beruhigendes, ihm zuzusehen.

Gudrun erzählt mir, dass sie Flugangst habe und bittet mich ihre Hand zu halten.

„Oho", denke ich. Vielleicht doch ein Flirtversuch? Oder hat sie wirklich Angst? „Aber klar", sage ich und halte ihr meine Hand hin.

Anstatt sie zu nehmen, krallt sie ihre Fingernägel in meinen Oberschenkel. Ist das Angst, exzessives Flirten, oder fehlt ihr einfach ein Einstiegskurs in menschliche Anatomie? Ich bin verunsichert.

Ingos Kopf ist durch das Rütteln beim Abheben von der Fensterseite auf meine Schulter gerutscht. Der Junggesellenabschied singt mittlerweile „Zehn Nackte Friseusen". Wir müssen wirklich was mit diesem Mindestlohn machen. Die armen Friseurinnen können sich nicht einmal Arbeitskleidung leisten in diesem Lied. So kann das in diesem Land doch nicht weitergehen.

Mein Blick wandert wieder in meinen Schoß. Ich weiß nicht, was ich erotischer finde: Gudruns Nägel in meinem Oberschenkel oder Ingos Atem in meinem Nacken?

9:50 Uhr

Ein Stewart mit Servicewagen kommt angerollt. Gudrun stoppt ihn und schaut mich an.

„Danke fürs Handhalten", flüstert sie und zwinkert.

„Aha", denke ich. Offensichtlich ein Flirt. Oder Bindehautentzündung. Ich bin überfordert.

„Darf ich dir dafür einen ausgeben?"

„Nix da", sage ich, „Ingo zahlt."

„Wer ist Ingo?", fragt Gudrun und ich deute auf meine rechte Schulter.

Aber da ist kein Ingo mehr. Irgendwie hat er es geschafft, sich heimlich so zu verbiegen, dass sein Kopf nun in meinem Schoß liegt.

„Oh", Gudrun scheint überrascht. „Dann seid ihr zwei also…?"

„Ne, ist nichts Ernstes", witzele ich, während ich sanft eine Haarsträhne hinter Ingos Ohr streiche. Seine Nähe fühlt sich gut an. Ich habe mich selten so begehrt gefühlt.

In der Zwischenzeit hat der Bräutigam wohl die Aufgabe bekommen, eine Polonaise anzuzetteln.

Gudrun macht durch exzessives Dehnen und Stöhnen auf sich aufmerksam. Sie beugt sich erst ganz nach vorne, bis ihr Kopf zwischen ihren Beinen ist, dann wieder nach hinten, während sie ihre Arme in Richtung Flugzeugdecke streckt und sich dabei so in meine Richtung dreht, dass ihre Brüste meine Bartspitzen berühren. Dabei macht sie folgendes Geräusch: „Ahhhhh!"

Ich mache mir Sorgen, dass Ingo aufwachen könnte, der seinen Kopf einmal kurz gedreht hat, sodass jetzt sein Gesicht in Richtung meines Bauches gerichtet ist.

„Pst!", zische ich zu Gudrun und drücke ihr meinen Zeigefinger auf die Lippen.

Sie nimmt ihn in den Mund und lutscht eine Weile daran. Ingos Atem dringt unter mein T-Shirt und lässt meine Brusthaare vibrieren. Die Polonaise hat bereits etwa 20 Teilnehmende und bahnt sich singend ihren Weg durch den schmalen Gang. Ich dachte mir schon, dass das Ganze kein Bildungsurlaub wird, aber ich weiß jetzt immerhin wieder, wie die Mutter von Nicki Lauda heißt.

10:50 Uhr

Gudruns Flirtversuche haben nachgelassen, nachdem ich ihr gesagt hatte, dass das zwischen Ingo und mir vielleicht etwas Ernsteres werden könnte. Danach hat sie sich in ihr Buch vertieft.

Ich wollte ja eigentlich einen neuen Text schreiben, aber auf meinem Block finden sich bisher nur mehrere Skizzen von Ingo. Ingo auf meiner Schulter, Ingo auf meinem Schoß, Ingo und ich händchenhaltend am Meer. Der Junggesellenabschied ist mittlerweile eingeschlafen. Ich hoffe für sie, dass sie alle auch neben jemandem sitzen, der oder die sich um sie kümmert.

Habe in der Zwischenzeit Ingos Handy aus seiner Hosentasche genommen, heimlich den Flugmodus deaktiviert und sein Hotel storniert. Habe mich etwas schlecht gefühlt, ihn nicht vorher gefragt zu haben, dafür aber mein Zimmer auf ein Doppelzimmer Deluxe Suite upgegradet. Ich bin mir sicher, er hätte es auch so gewollt.

11:30 Uhr

Gudruns Angst vor Abflug und Landung scheinen real zu sein. Da meine beiden Oberschenkel von Ingos Kopf belegt sind und meine Hände damit beschäftigt, auf dem Handy Ingo und mir heute Abend eine Paarmassage zu buchen, bleibt Gudrun nichts anders übrig, als ihre Fingernägel in Ingos Hals zu krallen. Ingo beginnt zu röcheln, reißt seine Augen auf und schaut direkt in meine. Zum ersten Mal an diesem Tag. Ein schöner Moment. Ingo lächelt oder stirbt, ist aus meiner Perspektive schwer zu beurteilen. Er sitzt nun wieder aufrecht.

„Ach Menno, hab ich die ganze Zeit geschlafen? Dabei wollte ich doch die Aussicht genießen."

„Macht gar nichts, Ingo, ich hatte dafür eine tolle Aussicht."

„Naja", sagt Ingo. „Vielleicht ja beim Rückflug am Sonntag."

„Samstag, Ingo, wir fliegen am Samstag zurück."

„Nein, ich habe für Sonntag gebucht…“

„Pst!“, sage ich und lege ihm vorsichtig meinem Zeigefinger auf die Lippen. „Vertrau mir, wir fliegen am Samstag.“

Nachdem wir gut gelandet sind, ist Gudrun direkt zum Junggesellenabschied gerannt und hat dort ihr Glück versucht. Ingo ist aus irgendeinem Grund recht zügig verschwunden. Aber das ist ok, nach den zwei Stunden hat er sich etwas Freiraum verdient. Ich glaube, er wird sich wieder bei mir melden. Muss er, ich bin der einzige Kontakt in seinem Handy.

Eeva Aichner

Zum Genuss dieses Buches empfehle ich …
lautes Vorlesen.

Diesen Text habe ich ausgewählt, weil …
er in Freiburg eine schöne Wendung genommen hat.

Mein erster Auftritt war …
lange von mir ersehnt!

Poetry Slam ist …
ein Spielplatz für literarische Kinderschuhe.

Freiburg braucht mehr …
teure Wohnungen.

Folge mir auf folgenden Kanälen …
mich promotet nur meine Mutter auf ihrem Facebook.

Der gewohnte Blick
Von Eeva Aichner

Vor meinem Fenster
Ist die Welt immer gleich
Aber immer anders
Berge wachsen zu langsam
Als dass man es sieht
Jeden Abend flieht die Sonne aus dem Bild
Kommt doch immer wieder
Flieger mit ihr
Und Wolken auch
Manchmal gleichen sie einem Rauch
Manchmal würde ich gern in ihnen baden
Raben ziehen in Schwärmen vorbei
Vögel singen
Kinder springen
Alle sind frei
Neue Häuser werden teuer bezahlt
Um in dieses Bild gemalt zu werden
Menschen sterben
Erden drehen sich

Doch vor meinem Fenster
Ist die Welt immer gleich
Immer anders
Manchmal hässlich
Oft schön
Der Föhn ist der Pinsel

Der mit weiß übers Gemälde streicht
Nur leicht, oder gelegentlich ganz grau
Niemals genauso, wie es schon einmal war
Felder wechseln ihre Farben
Und mit der Zeit auch ihr Kleid
Egal was Paris und Mailand sagen
Nächste Saison wird wieder Mais getragen
Die Umgebung schlüpft vielleicht
In ein neues Gewand
Doch immer habe ich
Den gewohnten Blick wiedererkannt
Ob schneebedeckt
Oder frühlingserweckt
Vor meinem Fenster
Ist die Welt immer gleich
Anders

Nachts brennt irgendein Licht
Dunkelheit existiert nicht
Ob in der Ferne die Sterne leuchten
Oder hier unten nur die Straßenlaternen

Die Nachbarn auf der anderen Seite
Bleiben oft lange wach
Das eine Dach raucht zu viel
Das andere nie
Irgendwie leben auch sie
Mit ihrer eigenen Welt vor ihrem Fenster
Und ihren Gespenstern unterm Bett

Komplett ist das Kunstwerk nicht heute
Nicht morgen
Die Sorgen der Welt ändern sich
Dich und mich
Ich habe dieses Portrait nur gemietet
Keiner verbietet keinem es zu sehen
Es passt nur in keines der vielen Museen
Neben keine Mona Lisa und keinen Van Gogh
Denn dieses Gemälde lebt noch
Hat beide Ohren und fühlt mit der Welt
Stellt dar, was geschieht
Flieht nicht in die Unendlichkeit
Trocknet zwar auch vielleicht irgendwann aus
Oder zerfällt
Aber für den Moment hält es sich gut
Und mich auch

Der gewohnte Blick
Gibt mir Halt
In einer haltlosen Welt
Es gefällt mir
Das Leben sich wandeln zu sehen
Und immer an der gleichen Stelle
Stehen zu können
Vor meinem Fenster

Der gewohnte Blick
Gibt mir die Sicherheit
Dass zu jeder Zeit

Etwas gleich bleibt
Nicht fremd
Etwas, das nicht jeder kennt
Aber ich sehr gut

Der gewohnte Blick
Versperrt mir die Sicht
Auf das größere Stück Welt
In dem eine leere Weite
Eine Meeresbreite
Vielleicht auch Schattenseite
Sie im Innersten zusammenhält

In dieser Welt, die die Berge verdecken
Können andere Lebensgeheimnisse stecken:
Die Herrschaft über Ebbe und Flut
Anstelle des Gipfelsiegs
Freundliche Gelassenheit
Anstelle des tamischen Überlebenstriebs
Bebende Erden statt rollender Schneemassen
Können dort wie hier
Chaos und Elend hinterlassen
Und unsere Zivilisation
Auf ihre Art infrage stellen
Wie hier Bergquellen
Können viele Tage weitergeflossen
Mündungen in zahlreiche Arme sprossen
Und während hier vier Jahreszeiten
Launisch den Takt angeben

Gedeiht anderswo stets konstantes Leben

Aber auch vor meinem Fenster
Ist die Welt immer gleich
Zwar launisch anders
Aber gleich

Es war zum Studium Zeit
Ein neues Kunstwerk zu finden
Die Berg-Mauern zu überwinden
Und in ein Morgen zu gehen
Das mittlerweile Vergangenheit geworden
Um dort an einem neuen Fenster zu stehen
Vor dem eine andere Welt immer gleich ist

Mittlerweile habe ich
An vier weiteren Fenstern gestanden
Hab's geschafft, zum Studienstart
In Bad Krozingen zu landen
Dort vor einem Fenster zu stehen
Vor dem Nachbarn wöchentlich
Ihr Einfamilienhaus mähen
Und nicht nur den Garten
Denn konnte ich durch mein Fenster
Ein Fenster weiterspähen
Sah ich ein perfektes Leben – am Warten
Dass etwas passiert, obgleich es unambivalent
Direkt auf den perfekt gemähten Rasen
Des Friedhofs zurennt

Als Nächstes bin ich ins Vauban gezogen
Ins Studi-Wohnheim
In eine kleine Utopie eingebogen
Und auch noch auf der Sonnenseite gelandet
Und nach einem zu langen Lockdown
Am heimischen Fenster
Auf einer Wohlfühlinsel gestrandet:
Vor einem Doppelfenster
Das mich lichtig umarmt
Das im Sommer von bäumigen Blättern getarnt
Und im Winter mit Lichtern
Aus dem Nachbarhaus mich wärmte
Während ich vor ihm lernte und lernte und lernte

Und als ich dann gelernt und gescheit
Zog es mich mit meinem Bachelor-Bescheid
In einen ganz anderen Breitengrad
In dem es vor meinem Fenster minus 20
Und dahinter, in der Sauna, plus 100 Grad tat
Und wie der Schnee davor schmolz
Und Olaf Scholz eine Zeitenwende ausrief
Da schlief der lange Winter ein
Und ein ganzes Land erwachte
Ganz sachte entwöhnte sich
Die Sonne der Nachtpause
Und lebte vor meinem Fenster
Mit mir in meinem halbjährigen zuhause
Und bevor der Winter sich anbahnen konnte
Wechselte ich meine Horizonte

Und zog über einen Ausflug
An den gewohntesten Blick
Zurück nach Freiburg, wo ich heute publik
Verkünde, an welchem Fenster
Ich momentan schwelge
Mit einem Nachbarn vis-a-vis, der vielleicht Helge
Vielleicht auch Peter oder Jafaar heißt
Und vor meinem Fenster
In seiner zu nahen Küche speist
Auf dem Klo… seine Zähne weißt
Und mir trotzdem fremd bleiben wird
Weil er sich nur zufällig vor mein Fenster verirrt

Und jetzt, wo ich meine Perspektiven geweitet
Mir meine Weltsicht erbreitet
Freue ich mich umso mehr
Periodisch in meinem Kinderzimmer zu stehen
Und dort aus meinem Fenster
Den gewohntesten aller Blicke zu sehen

Ulla Skrue Klomp

Zum Genuss dieses Buches empfehle ich …
viel Zeit zum Schmökern.

Diesen Text habe ich ausgewählt, weil …
eine Schreibblockade jeden treffen kann.

Mein erster Auftritt war …
1986 eine Lyrik-Lesung.

Poetry Slam ist …
Energie pur!

Freiburg braucht mehr …
spannende Poetry Slam-Battles.

Folge mir auf folgenden Kanälen …
@ullaskrueklomp auf Instagram

Ein leeres Blatt
Von Ulla Skrue Klomp

Ein leeres Blatt. Wisst ihr noch, was das ist? Kennen wir ja nicht mehr. Wir schreiben am PC. Papier? Nur fürs Ausdrucken.

Manchmal schreibe ich tatsächlich ein paar Worte auf einen Zettel. Kartoffeln, Milch, Eier, Zwiebeln, Lakritz. Das nenne ich dann Einkaufszettel. Briefe? Schreibe ich kaum. Meine Gedichte und Texte werden im Internet in einer Cloud verewigt. Nur noch ganz wenige Dichter*innen schreiben echte Manuskripte auf echtes Papier. Papierseiten sind total aus der Mode gekommen.

Diese Gedanken haben ihren Anlass. Ich wollte vor ein paar Jahren als Autorin und Künstlerin an einer geplanten Ausstellung des Zürcher Literaturmuseums „Strauhof" teilnehmen. Das Thema faszinierte mich: „Schreibrausch und Schreibblockade". Oh ja, ich kenne beides sehr gut. Besonders die Blockade. Der Bildschirm bleibt leer. Oder ich schreibe Schrott. Dann gibt's nur eins: AFK – Away from Keyboard. Nichts bleibt. Der Bildschirm macht es kurz sichtbar. Dann bin ich raus.

Im Jahre 2017 erging der Ruf des Strauhofmuseums an den AdS, den Autor*innenverband der Schweiz, Autor*innen in den eigenen Reihen zu finden, die bereit wären, „ihre leeren Blätter einer

Schreibblockade" für eine Ausstellung einzuschicken. Leere Blätter??? Einschicken? In der näheren Erläuterung zum Thema stand dann noch, es sollten „individuelle leere Blätter" sein. Hä? Wie?

Als Autorin hatte ich da keine blasse Idee. Und als Künstlerin? Ich könnte ja mal versuchen, ein leeres Blatt herzustellen. Ein echt individuelles leeres Blatt. Lange habe ich über diese groteske Aufgabenstellung nachgegrübelt. Ein A4 Blatt mit dem Foto von einem Baumblatt entstand, auf dem in großen eingestanzten Lettern „leeres Blatt" stand. Man konnte durch die Buchstaben-Silhouetten den leeren Himmel sehen. Okay. In ein Couvert gesteckt, eingeschickt, abgelehnt. Nein, so hätten sie sich ein individuell leeres Blatt nicht vorgestellt. Was nun?

Daraufhin ist folgendes entstanden:

Dokumentation zur Herstellung eines individuell leeren Papierblattes

Ich nehme ein leeres Blatt und lege es auf den Tisch. Ich schaue auf das leere Blatt auf dem Tisch und nehme einen Bleistift. Ich schaue auf das leere Blatt auf dem Tisch, den Bleistift und schlürfe einen Schluck Kaffee aus meinem Dichterbecher. Ich schaue auf das leere Blatt und nehme noch einen Dichterbecher-Schluck. Ein Tropfen rollt daneben.

Ich schaue auf das Blatt auf dem Tisch, nun mit einem Kaffeefleck verziert, nehme wieder den Bleistift und schreibe ein Wort. Ich schaue auf das Blatt auf dem Tisch mit dem Kaffeefleck, dem geschriebenen Wort – und suche nach einem Radiergummi. Ich schaue auf das Blatt auf dem Tisch mit dem Kaffeefleck, dem geschriebenen Wort und radiere es aus. Ich schaue auf das Blatt auf dem Tisch mit dem Kaffee- und dem Radiergummifleck und greife erneut zum Bleistift. Ich schaue auf das Blatt auf dem Tisch mit dem Radiergummifleck, dem Kaffeefleck und schreibe einen Text, der sich reimt. Das nennt man ein Gedicht.

Ich schaue auf das Blatt auf dem Tisch mit dem Gedicht, dem Radiergummi- und dem Kaffeefleck und lese mir das Gedicht laut vor. Es ist scheiße. Ich zerknülle das Blatt und werfe es auf den Boden. Ich schaue auf das zerknüllte Blatt unter dem Tisch mit dem Gedicht, dem Radiergummi- und Kaffeefleck und zünde mir eine Zigarette an. Ich schaue auf das zerknüllte Blatt unter dem Tisch mit dem Gedicht, dem Radiergummi- und Kaffeefleck und nehme einen tiefen Zug aus der Kippe. Es raschelt. Meine Dackel bearbeiten das Blatt Papier. Geknurre.

Ich hebe das zerknüllte und nun auch zerrissene Blatt Papier auf, lege es auf den Tisch, glätte es und inhaliere einen weiteren tiefen Zug aus der Zigarette. Asche fällt auf das Blatt. Da lege ich meine Kippe ab, unüberlegterweise auf das Blatt. Ich greife zu der Flasche Rotwein auf dem Schreibtisch, gieße

Rotwein in ein Glas und denke nicht an das Blatt auf dem Tisch mit den Radiergummi-, Kaffee- und Zigarettenascheflecken und der nun darauf liegenden Zigarette. Ich trinke noch ein paar Schlucke aus dem Glas. Dabei tropft Rotwein auf das Papier.

Ich schaue auf das angefressene Blatt auf dem Tisch mit dem Kaffee, Radier-, Zigarettenasche- und jetzt ein paar Rotweinflecken und entdecke, dass das Papier Feuer gefangen hat. Da gieße ich den Rest meines Glases Rotwein über das Gedicht. Zisch. Gelöscht. Leider tropft dabei Rotwein auf meine Hose. Ich nehme das jetzt tropfende angefressene Blatt mit den Radier-, Kaffee- Rotwein- Zigarettenascheflecken und einem Brandloch vom Tisch, werfe es wieder auf den Boden und kicke es weg. Dabei stößt mein Fuß gegen das Tischbein. Ich breche mir den kleinen Zeh. Ich, jetzt rasend, betrachte das Blatt auf dem Boden und trample wütend darauf. Oh, verdammt, au, mein Zeh!!!

Ich habe mich danach sehr individuell an dem Blatt Papier gerächt – ich habe es endgültig zerfetzt, geschreddert, alles zusammengekehrt und danach meine Rotwein-Flasche noch leergemacht.

Am nächsten Tag habe ich dann die individuelle, leere, geschredderte Seite in ein Briefcouvert gestopft, beschriftet, frankiert und an das Strauhof-Museum geschickt.

Back to Reality: Wahrscheinlich war ich die Einzige, die mit dem Kurator ein echtes Streitgespräch über die Idee zur Hängung individuell leerer Blätter führte. Zum Beispiel darüber, dass diese Scheißidee mit den leeren Blättern echt scheiße war, dass es heutzutage überhaupt keine leeren Blätter einer Schreibblockade mehr geben könne, denn — kann man nichts Vernünftiges in den PC schreiben, löscht man die Kacke einfach. Das digitale individuelle leere Blatt versinkt dann im Ozean des Internets und trägt nur zu dessen Verunreinigung bei. Wer es dennoch irgendwo entdeckt, darf von mir aus gerne ein Papierschiffchen draus basteln.

Später im Sommer erfuhr ich dann, dass man im Strauhof von der Idee einer „leeren-Blatt-Ausstellung" Abstand genommen hatte. Die rauschhafte Dichtung aber wurde in Form von berühmten Dichter-Rausch-Manuskripten liebevollst dokumentiert. Fontane, Byron, Schopenhauer, John Grisham, Georg Büchner, Arnold Zweig, Rainer Maria Rilke und so weiter waren dabei.

War das ein Rauschen im Blätterwald! Man konnte es bis zum Matterhorn hören. Übrigens fand man am Morgen nach der Vernissage im Zürcher Strauhof am Fuße des Berges Matterhorn einen „abgestürzten" Laptop. Wie viele AdS-Autor*innen hatten wohl individuell leere Blätter eingeschickt? Ich vermute, nur eine. Ich.

Ingrid Ruesch

Zum Genuss dieses Buches empfehle ich …
ein Sofa, Tee. No drugs. Diese Worte beflügeln auch so!

Diesen Text habe ich ausgewählt, weil …
Zeit eigentlich genug Stunden hat.

Mein erster Auftritt war …
was Nervosität angeht Level 1000.

Poetry Slam ist …
ein peppiges Format für Wortkunst.

Freiburg braucht mehr …
peppige Plätze für Kunst und Kultur.

Folge mir auf folgenden Kanälen …
@ingridruesch_ auf Instagram I www.ingridruesch.de

Stück für Stück
Von Ingrid Ruesch

Es ist doch ganz einfach
Schritt für Schritt
Stück für Stück
Step by Step
Stimmt.
Eigentlich müssten wir es draufhaben!
Wir müssten Meister und Meisterinnern sein
Im „Schritt-für-Schritt-Denken"
Machen, nicht im Klagen
Im durch Stress und Zeitgedöns-Sachen
Zwischendurch verzagen

Ja!
Überhaupt im „Stück-für-Stück-Dasein"
Denn schon bevor wir
Darüber nachgedacht haben
Hatten wir es drauf!
Wir waren nicht auf einmal fertig
Auf einmal fertig sind wir im Alltag allzu oft
Es ist doch entstehen, leben, wachsen
Schritt für Schritt laufen lernen
Und später dann lernen
Schritt für Schritt zu laufen
Im Leben
In sich viele Fragen bewegen

Zum Beispiel:
Wie unendlich lang
Muss dieses gewisse *Etwas* sein
Das Zeit klaut, sie sofort verdaut
Wenn Zeit doch eigentlich unendlich scheint?
Wie viel Platz hat dieses *Etwas*
In seinem Magen, wenn Stunden
Doch so viele Minuten haben?

Egal
Beim Blick über den Tellerrand
Habe ich dann irgendwie erkannt
Dass wenn die Straßenbahn verpasst
Trotz gerannt

Habe ich vielleicht
Die ganze Bahn verpasst
Aber Stück für Stück war
Mühe gegeben
Schritt für Schritt
Habe ich an meine Füße geglaubt

Schritt für Schritt lernen im Leben
Später lernen Schritt für Schritt
Zu laufen im Leben
Lernen, rechtzeitig loszulaufen
Mit den Zeitdieben
Wann anders zu raufen
Und zwischendurch

Wieder Zeiger verfluchen
Die die Zeit geraubt

Ja, keine Zeit, Stress
Ich muss noch einkaufen
Dahin und dorthin, wohin danach?
Ich habe es vergessen
Nicht aufgeschrieben und notiert
Macht ja nix, dann wird das Nächste
Halt auch um eine Zeiteinheit
Nach hinten verschoben datiert
Irgendwo noch ein Telefonat unterbringen
Stress, aber Stück für Stück
Wird schon, wird

Hey!
Jeder Mensch braucht
Zumindest ab und an
Auch mal zwischendurch
Eine zuhörende
Zweit- oder Drittperson
Hier und da
Einen Klang-Umhang
Eine Ton-Emotion
Die uns kurz rausholt
Aus dem Alltagstrott

Ach komm schon
Hey Glückshormon

Lass uns synchron
Die Schönheit einatmen
Die Luft auspusten
In einen Ballon
Gegen jeglichen Argwohn
Auf dieser Welt

Stattdessen aber haben wir
Neue Ordner und mehr als ein Heft
Digital und in echt
Echt heftig viele Ordnungshelfer
Wir brauchen Kalenderblätter
Ganze Notizbuch-Bände
Bände ist gesprochen
Der Kopf allein reicht nicht mehr aus
Stück für Stück, Stück für Stück
StückfürStückfürStück

Mmh…
Schokolade heilt
Den Hunger auf Salziges
Nicht aber auf Überblick bewahren, Zeit haben
Zeit alleine, Zeit geteilt
Hunger auf Platz für Gerechtigkeit
Zwischen den Zähnen
Klebt Sehnsucht nach so vielem

Da ist sie wieder: die Zeit
Wie viel Zeit bleibt?

Zwischen diesen und jenen Terminen
Zwischen zu wenig schlafen
Und Kinder erziehen
Zwischen Streiten und Vertragen, lieben
Zwischen Ordnung machen
Und Ordnung im Ordner schaffen

Ich starre die Uhr an
Meine Finger an das Uhrenglas gedrückt
Probiere ich die Zeiger zu greifen
Zu zähmen
Nur mit der Ruhe ihr Lieben
Langsam
Stück für Stück
Sonst tickt ihr alle noch aus!

Greta Zieger

Zum Genuss dieses Buches empfehle ich …
Schokolade. Die geht immer.

Diesen Text habe ich ausgewählt, weil …
wir zu wenig über Trauer reden.

Mein erster Auftritt war …
Anlass, ein Gedicht zu schreiben, das 12 Verse überschritt.

Poetry Slam ist …
vielfältig, schön und offen.

Freiburg braucht mehr …
Realismus vielleicht, aber die Blase hat auch was.

Folge mir auf folgenden Kanälen …
@greti_zie auf Instagram

Freundschaft-Liebeskummer
Von Greta Zieger

Regen schlägt gegen die Scheiben
Gießt die graue, kalte Welt
Während jeder Tropfen einzeln
Auf die Erde fällt

Schaue raus ins rege Treiben
Kuschel mich warm ein
Stell mir vor, dass wir beide
Eben solche Tropfen seien

Sind zusammen hoch geflogen
Hatten Spaß bei unsrem Fall
Doch sind wir auf den Boden
Schmerzhaft aufgeprallt

Hatten einen schönen Flug
Doch nun ist es vorbei
Verschwinden wie die Pfützen
Wenn die Sonne wieder scheint

Ich habe Liebeskummer
In der Freundschafts-Version
Habe keine Romanze
Sondern was Platonisches verloren

Etwas voller Lachen
Und auch ein bisschen Weinen
Konnten einfach sein und mussten
Uns nie etwas verschweigen

Haben lange Zeit
Nur als Symbiose existiert
Doch scheint es jetzt so weit
Dass das nicht mehr funktioniert

Hätte dich gern einfach
Zu meinem Geburtstag ausgeladen
Um mich danach gleich wieder
Mit dir zu vertragen

Doch weil das nicht mehr funktioniert
Um Konflikte zu überwinden
Haben wir dann diskutiert
Und keinen Konsens mehr gefunden

Und so sind wir still und schlicht
Mit der Zeit verflogen
Ohne, dass jemand bespricht
Worum wir uns betrogen

Haben das geregelt
Wie erwachsene Personen
Doch haben uns vielleicht
Gerade deswegen verloren

Alles ist so final und ernst
Weiß nicht, wann das begann
Denn gerade bin ich traurig
Dir kein Meme schicken zu können

Sehe was und denke an dich
Will dir davon berichten
Doch weil wir nicht mehr reden
Verpasst du die Geschichten

Stück für Stück wirst du zum Geist
Und rutschst mir aus den Händen
Erbringst mir schmerzlich den Beweis
Dass wir uns selbst beenden

Kommen weiter klar
Aber vermeiden, uns zu sehen
Haben uns nun mal getrennt
Müssen andere Wege gehen

Ich frag mich nur warum
Keiner darüber spricht
Dass es nicht dein Ex sein muss
Den du so sehr vermisst

Das Ende einer Freundschaft
Ist komisch rational
Hat halt nicht gepasst
Und endet ganz banal

Hast ja für gewöhnlich
Noch weitere Kumpanen
Kannst also mit denen
Deine weitere Zukunft planen

Hätte ich dich romantisch geliebt
Würde ich Schnulzen ansehen
Würde Eis essen und heulen
Und jeder würde es verstehen

Dann gäbe es ein Regelwerk,
Ein soziales Formular
Befolge das und bald
Ist der Schmerz dann nicht mehr da

Aber verlierst du eine Freundschaft
Gilt das alles nicht
Und ich steh ratlos da
Weil niemand drüber spricht

Es sind ja nicht nur Du und Wir
Sondern auch mein Ich mit Dir
Klangheimlich verschwunden
Hab mich dadurch zugleich
Verloren und gefunden

Muss jetzt erst mal schauen
Wer ich ohne dich bin
Vielleicht ist dieses Ende
Auch ein kleiner Neubeginn

Schaue wieder raus
In die graue, kalte Welt
Frag mich, was sie zeigt
Wenn der Regen nicht mehr fällt

Ansgar Hufnagel

Zum Genuss dieses Buches empfehle ich …
Dirty Chai im Schaukelstuhl bei Sturm und Hagel.

Diesen Text habe ich ausgewählt, weil …
er aus meiner Feder stammt!

Mein erster Auftritt war …
der Anfang eines langen aufregenden Weges.

Poetry Slam ist …
Literatur im Schleudergang!

Freiburg braucht mehr …
Parkplätze und SUVs (Ironie off).

Folge mir auf folgenden Kanälen …
@ansgar.hufnagel auf Instagram

Heilig's Blechle
Von Ansgar Hufnagel

Ohne Frage – wir hatten uns Hals über Kopf verliebt. Dein Alter war dabei nicht der springende Punkt. Baujahr 2009 – damit konnte ich gut leben, das störte mich nicht. Das Radio hatte immerhin einen CD-Spieler, einen fortschrittlichen AUX-Eingang und erfüllt auch heute noch seinen Sinn und Zweck. Ich brauche keinen Schnickschnack, keine elektronischen Fensterscheiben, keine Klimaanlage oder einen Zigarettenanzünder mit automatischer Anzeige der Luftfeuchtigkeit im Bad.

Alles, was ich brauche, ist ein fahrbarer Untersatz. Und du warst von Anfang an viel mehr als das. Du warst und bist Teil der Familie, du hast mich durch Krisen manövriert und auf manchen Gipfel gehievt. Du hast mich nicht nur von A nach B gefahren, sondern häufig viel weiter und manchmal sogar wieder zurück.

Es gab Momente, zugegeben, da hätte ich mir eine Zentralverriegelung gewünscht, eine durchweg funktionierende Heizung im Winter und ein Dach, das mir nicht bei jedem Regenschauer eine gratis Dusche verpasst. Das sind allerdings die einzigen Punkte auf meiner Meckerliste.

Woran ich merke, dass Winter ist? Du wirst zur Frostbeule und lässt die Fenster von außen und von innen gefrieren. Daraufhin werde ich ebenfalls zur Frostbeule und habe beim Montagskick in der Halle nur dann eine realistische Chance, meine Zehenspitzen beim Anpfiff zu spüren, wenn ich mich wie ein Michelin-Männchen im Zwiebelprinzip in sieben Schichten gewickelt in deinen Sitz sinken lasse.

Inklusive der Thermounterwäsche von meiner Uroma.

Du warst neun Jahre alt, als du zu uns gekommen bist. Weißt du noch? Wir waren ganz aufgeregt. Das erste eigene Auto! Das erste Mal den Schlüssel eingesteckt, die Kupplung gedrückt, Gas gegeben und – abgewürgt. Es hat sich absolut richtig angefühlt mich in deinen Sitz zu quetschen, den Spiegel einzustellen und beim Anfahren immer wieder schöne Grüße an das Getriebe zu schicken.

Und dann das erste Mal zittern. Zittern um deine Gesundheit. Die Symptome des Bremsbackendefekts in Form vom Aufleuchten der Bremsen-Warnleuchte, der Schleifgeräusche aus Richtung der Bremsen und einem Versagen der Handbremse hatten wir seit unserem letzten Urlaub in den Pyrenäen hoffnungsfroh ignoriert.

Jetzt waren wir gottfroh, als wir an einem Sonntagmorgen auf dem Weg zum Feldberg mitten in den Bergen eine Notwerkstatt entdeckten und uns ein paar kompetente Fachärzt*innen auf die Intensivstation begleiteten, um direkt Hand anzulegen.

Ich war dabei, als beim Untersuchen der Bremstrommel unbeabsichtigt das Kabel durchtrennt wurde, woraufhin die Bremsflüssigkeit unkontrolliert durch den OP-Saal spritzte. Die Blutungen hörten erst auf, als jegliche Flüssigkeit entschwunden war. Es folgte ein längerer Klinikaufenthalt mit entsprechenden Rehamaßnahmen und nach 3 Monaten durften wir dich voller Freude wieder zu Hause begrüßen.

Ich will an dieser Stelle eigentlich nicht über Geld reden, aber… wir haben jeden Arztbesuch mitgemacht, jeder Operation zugestimmt, mehrfach den Notdienst gerufen, Daumen gedrückt und unseren Geldbeutel regelmäßig wegen dir in existenzielle Bedrängnis gebracht. Und als Dankeschön bist du direkt am ersten Tag vom Umzug in die Knie gegangen und die Verlässlichkeit deiner Funktionalität gleicht seitdem einem Russisch Roulette.

Mein alter Freund, du bereitest mir Sorgen. Jetzt stehst du im Regen und auf dir haben sich Moos- und Algenkulturen verbreitet. Ist das zur Tarnung oder sind wir einfach nicht mehr in der Lage, dich noch einmal so richtig herauszuputzen?

Du bist zu gierig, zu schädlich, zu wichtig. In deinen dicken Bauch passt einfach alles. Egal ob das weiße Ledersofa in L-Form, das Boxspringbett der Schwiegereltern oder die Kapelle für alle Fälle samt Tuba, Schlagzeug, drei Gitarrenverstärkern und allen sieben Bandmitgliedern. Auch wenn ich bei Tetris immer neue Rekorde aufstelle, das bekomme ich einfach in keinen Fahrradanhänger der Welt hinein. Den Asphalt unter den Reifen brettern wir weiterhin mit 80 bis 100 Sachen die A5 entlang und es fühlt sich an, als würden wir entweder gleich abheben oder als würde der ganze Laden beim nächsten Schlagloch in tausend Teile zerbersten. Doch aufgeben werde ich dich nicht.

Du warst der einzige Zeuge von meinem spontanen ungewollten Antrag. So unromantisch es auch war, auf dieser Fahrt von Ehningen nach Tübingen. Du warst dabei, als meine Frau gefragt hat, ob das ein Antrag sei und ich erwiderte: „Ja." Dabei lief weder „My Heart Will Go On" noch „The Power of Love" im Radio. Nein, aus den Boxen jammerte Lana Del Rey etwas von „Summertime Sadness" und es war perfekt. Es war perfekt, als meine Frau mit Tränen in den Augen in die nächste Einbuchtung gefahren ist, um erstmal ein Angstpipi loszuwerden.

Auch wenn du in die Jahre gekommen bist, fahre ich gerne mit dir und auch wenn andere nicht mehr an dich glauben oder Witze reißen, ich werde dich bis zum letzten Kilometer verteidigen. Wer weiß, wie viele gemeinsame Jahre noch vor uns liegen, welche Serpentinen wir noch nach oben schunkeln, nur um bei guter Aussicht kotzend über dem Geländer zu hängen. Wer weiß, vielleicht knacken wir die 300.000 Kilometer noch. Vorher machen wir aber erstmal die 200.000 voll und dann steht noch die Untersuchung wegen der Plakette an.

Deshalb schicke ich jeden Abend Gebete an den hell erleuchteten Mercedesstern auf der Motorhaube vom Großen Wagen, dass mein Heilig's Blechle weiterhin beschützt sein möge. Dabei ist mir bei aller Abhängigkeit und allen Sentimentalitäten klar, dass die Zeit des PKW endet und so habe ich mir vorsorglich schon ein E-Bike mit einem Extra-Turbo-Modus und zwei Akkus zum Wechseln angeschafft.

Bis es soweit ist, geht es aber erst einmal in die Waschanlage, schließlich sollst natürlich auch du in Würde altern.

Hans Feldner

Zum Genuss dieses Buches empfehle ich …
das Café Pausenraum.

Diesen Text habe ich ausgewählt, weil …
ich hoffe, dass er dir gefällt.

Mein erster Auftritt war …
2012 in Erlangen.

Poetry Slam ist …
kein Wettbewerb.

Freiburg braucht mehr …
Zweigstellen.

Folge mir auf folgenden Kanälen …
feldnerhans@gmx.de per E-Mail

An eine unbekannte Aktivistin
Von Hans Feldner

Ich träume von Tagen in den Bergen
Ich träume von unendlichen Weiten
Vom Gleiten der Vögel
Ins Ungewisse
Ich träume von Gebirgsseen
Deren Wasser klar ist
Und frei vom Staub der Welt
Ich träume von zusammenhängenden
Gedankengängen
Von stillen Momenten
In denen kein Handy vibriert
Und die Uni wissen will: „Hans, wo bist du?"
Ich träume von Ozeanen im Wald
Von Geheimnissen im Unterholz
Von kleinen Mythologien
Und den Dingen, die man angeblich nur
Mit dem Herzen sehen kann
Ich träume von Liebe
Die frei ist von Filmen und Patriarchat
Von Zweisamkeit ohne den Heiligen Geist
Und von hemmungsloser Zärtlichkeit

Doch wenn ich aufwache aus meinem Tagtraum
Kickt die Realität wie es sonst
Nur ihre Antagonisten tun

Ein Blick in die USA
Die immer verrückter wird
Wo der oberste Gerichtshof
Fundamentale Grundrechte einkassiert
Wo von weißen Polizisten immer noch
Entlang von Segregationslinien gemordet wird
Wo der nächste Präsident
Genauso gut wieder Trump heißen könnte
Oder sich zumindest genauso verhalten

Ein Blick nach Osteuropa
Wozu ich eigentlich gar nicht so viel sagen kann
Weil ich nicht den Eindruck habe
Ich hätte schon im Ansatz verstanden
Was dieses Wort „Krieg" überhaupt bedeutet
Und vielleicht hat es der kleine Peter der Große
An seinem langen, mächtigen Schreibtisch
Auch noch nicht so wirklich verstanden
Weil er es doch tunlichst vermeidet
Es auszusprechen

Ein Blick in den globalen Süden
Wo die Unternehmen, die die Bürger:innen lieben
Das knappe Wasser
Aus reinem Profitinteresse verteuern
Oder mit Öl versäuern
Und der Grundwasserspiegel sinkt
Während der Meeresspiegel steigt
Und der Klimawandel sich

Den am wenigsten Verantwortlichen
Von seiner härtesten Seite zeigt

Und ein letzter Blick zurück in den Norden
Während in Griechenland
Oder Italien, oder Australien
Oder Spanien, oder Brandenburg
Die Wälder in Flammen stehen
Stehen Abgeordnete auf ihren Podien
Und halten flammende Plädoyers
Auf Wachstum und Wirtschaftlichkeit

Wenn man es genau nimmt
Stehen wir eigentlich nur noch unten am Bach
Und warten bis die Erde uns entgegen schwimmt
Und während wir so warten vibriert mein Handy
Und die Uni will wissen, wo ich bin

Und manchmal wünschte ich mir
In meinem Kopf würde ein Schalter umgelegt
Ideale einfach umgenäht
Ich werf' die Hände in die Luft, ich bin raus
Kleiner Hund, großes Haus
Ich sitz' am Strand an meinem Pool
Vollfunktionsgartenstuhl
Ich pflück' ein Gänseblümchen
Die Nachbarn sind nett
Die Nachbarn sind scheiße
Beim Snack am Buffet

Lästern wir leise
Die Nicole und der Gerhard
Hast du schon gehört
Deren Gartenstuhl
Voll funktionsgestört

Und dann kaufe ich mir einen SUV
Und parke den beim Biomarkt
Direkt auf den Fahrrädern
Und solange ich noch einen Widerstand spüre
Parke ich wieder aus
Und fahre einfach nochmal an
Und dann hole ich meinen E-Roller
Aus dem Kofferraum
Und reite zusammen mit Andreas Scheuer
Über abgebrochene Gletscher
Der dämmernden Abendsonne entgegen

Und vielleicht würde ich mich
Tatsächlich dieser Fantasie hingeben
Vielleicht käme ich bald in eine Lebensphase
In der man stark im Geldbeutel wird
Und schwach im Herzen
Vielleicht kann ich bald alles
Außer meinen eigenen Wohlstand verschmerzen
Vielleicht wäre das bald das neue Ich
Vielleicht…

…gäbe es da nicht Leute wie dich

Die sich den Arsch aufreißen
Die sich Woche für Woche auf die Straße stellen
Die Signalgruppen zutexten
Und Facebookseiten zutexten
Und Mailinglisten zutexten
Und Entscheidungsträger:innen zutexten
Und überhaupt jeden und alles zutexten
Bei dem sie den Eindruck haben
Er, sie oder es könnte etwas bewegen
Die sich und die Welt nicht so leicht aufgeben
Die retten wollen, was zu retten ist
Die anderen Menschen helfen wollen
Wo man anderen Menschen helfen kann
Die Hand anlegen, statt die Hände zu falten

Und wie du dastehst
Auf deinem kleinen Bierkastenpodest
Und von einer besseren Welt redest
Da wünschte ich mir
Ich hätte nur halb so viele Eierstöcke
Wie du in der Hose
Könnte genauso mutig sein und wütend
Statt mich tagträumend klein zu fühlen

Und ich weiß nicht, ob du dir
Manchmal die Frage stellst
Ob das alles überhaupt etwas bringt
Ich weiß nur, dass Menschen wie ich
Verloren wären ohne Menschen wie dich

Cay Buschmann

Zum Genuss dieses Buches empfehle ich …
ein gutes Gläschen Grönländer Grauburgunder.

Diesen Text habe ich ausgewählt, weil …
die Klimakrise endlich ähm- „angegangen" werden muss...

Mein erster Auftritt war …
anno 2012 beim Textkotze?!-Slam im KuCa, Freiburg.

Poetry Slam ist …
das wahrscheinlich Fünftbeste in meinem Leben ;-).

Freiburg braucht mehr …
ökologisches Bewusstsein! (mehr „green" in Green City).

Folge mir auf folgenden Kanälen …
folge mir lieber ins Bächle als auf Kanälen!

Die Partykalypse
Von Cay Buschmann

Frei nach einem wohlbekannten Kinderlied:
Braun, braun, braun sind alle meine Wälder
Verdorrt und tot ist alles, was ich mag
Darum lieb ich alles, was so kahl ist
Weil mein Schatz die Klimakrise ist <3

Jaja, ich merk' schon an der Art, wie du das liest
Dass du mich sicher nicht verstehst
Du fragst dich, was so toll daran ist
Wenn dieser Planet sich selbst auffrisst?

Ich erkläre es dir, komm nur mit, Piggeldy
Zur Weltuntergangsabrissparty
Am Ende wirst auch du hoffentlich verstehen:
Alle sollten den Klimawandel als Chance sehen

Klar, die Welt geht unter, kann schon sein
Doch davor hauen wir nochmal mächtig rein
Ein paar Jährchen haben wir noch
Für den letzten Kick
Und die Kapelle spielte schließlich auch
Bis zum Schluss auf der Titanic

Worauf dürfen wir uns also freuen
Bei dieser Party, ohne am Ende aufzuräumen?
Es wird wärmer – yeah! – teilweise zumindest

Und du freust dich doch auch, wenn du
Mangos regional aus der Uckermark findest
Tropische Palmen im Schwarzwald
Die kommen bald
Wer braucht schon Eisbären
Oder gar Schnee
Ich will Gummibärchen
Und ein finnisches Saint-Tropez

Glyphosat und Co. rotten die Insekten aus?
Na prima! Hauen wir es weiter raus
Denn sonst haben wir hier bald
Malaria, Dengue und solche Geschichten
(Darauf kann ich echt verzichten)

So rufe ich's laut vom Kohlekraftwerk herunter:
Hurra, die Welt geht unter!

Der Chianti soll aus Island statt Italien sein
(Ein sogenannter Reykja-Wein)
Ich will Rioja aus Rostock
Oder Grauburgunder aus Grönland kaufen
Und mir damit den Weltuntergang schön saufen
Rum aus Rust und Mojito von der Mosel
Her mit dem ganzen Fusel!
Denn so wie der Meeresspiegel
Steigt auch mein Pegel

Du sagst:
Extremwetter, Desertifikation
Gewässerverschmutzung
Ich sage:
Für Pforzheim klingt das
Wie eine Verbesserung

Ob sächsische Sahara
Oder brandenburgisches Brachland
Ich nehme lachend den Sonnenschirm zur Hand
Und auch Frankfurt am Main
Seien wir ehrlich: braucht kein Schwein

So rufe ich's laut von der Müllinsel herunter:
Hurra, die Welt geht unter!

Was soll bloß dieses Geheule
Ich nehm' mir 'ne große Keule
Gegen Krokodile in der Spree
Piranhas schwimm' im Bodensee

Erst wenn alles um uns brennt
Zeigt sich, wer hier schneller rennt
Das ist Survival of the Fittest
Ich glaub' nicht, dass du da Schritt hältst

So rufe ich's laut vom Kreuzfahrtschiff herunter:
Hurra, die Welt geht unter!

Bist du immer noch nicht überzeugt?
Wenn Frankreich nicht wär'
Läge Freiburg am Meer!
Würstchen grillen auf dem Autodach
Und Cocktails schlürfen an der Copaca-Breisach

Pack die Badehose ein
Wir fahren nach Neuenburg am Rhein!
Der Kaiserstuhl wird Cays Liegestuhl
Von deinen Füßen rieselt der Sand
Vom Rieselfelder Strand

Aus Weil am Rhein machen wir Geil am Rhein
Und ganz Emmendingen
Bringen wir zum Hüften schwingen
Hört sich das wirklich so schlecht an
Delfine schwimmen in der Dreisam?
Oder der Palmenstrand im Münsterland?

Also komm Baby, schmeiß den Motor an
Wir holen uns die Tropen ran
Denn wenn wir erst
Am badischen Sandstrand liegen
Brauchen wir nicht mehr
In den Süden zu fliegen

Los! Rufen wir es gemeinsam ins Dreisamtal hinunter:
Hurra, die Welt geht unter!

P.S.: Wenn du trotzdem noch der Meinung bist
Das alles sei überspitzter Mist
Und so schlimm kann das doch nicht sein
Na, dann warte fein
Denn – und das ist nicht übertrieben –
Viel Zeit es rauszufinden, ist nicht mehr geblieben
Vielleicht ist heute zum Handeln
Nicht nur der richtige
Sondern gar der letzte Tag?
Ich sag' nur: tick tack, tick tack…

Philipp Multhaupt

Zum Genuss dieses Buches empfehle ich …
Wein. Viel Wein. Vom Kaiserstuhl.

Diesen Text habe ich ausgewählt, weil …
Franzi gesagt hat, dass der in ein Buch rein soll.

Mein erster Auftritt war …
aufregender als mein letzter Auftritt.

Poetry Slam ist …
immer noch am Leben. Das ist sehr schön.

Freiburg braucht mehr …
Moralpredigten.

Folge mir auf folgenden Kanälen …
@philipp_mundraub auf Instagram

Franzi

Von Philipp Multhaupt

Ich sitze auf dem Balkon mit dir und unten im Hof geht die Welt unter. Diesmal wirklich, sagen die Experten, diesmal endgültig.

Mir ist ein bisschen schlecht, das kommt von der Februarhitze oder vielleicht vom weißen Rum, den wir ungekühlt trinken. Wir trinken ihn direkt aus der Plastikflasche, weil vor ein paar Stunden alle Gläser, Fensterscheiben und Kanarienvögel im Block ohne Vorwarnung zerplatzt sind. Gott sei Dank gibt es dieser Tage Rum aus unverwüstlichen Plastikflaschen, wo wären wir ohne Plastik.

Unten läuft eine Katze über den Hof, von links nach rechts.

„Die Scheiß-Katzen sind natürlich noch ganz", sagst du. So ein Franzi-Satz halt.

Die Welt geht unter und du bist immer noch meine beste Freundin. Weil du so Sachen sagst wie das mit den Katzen und weil du die letzte Flasche Plastikrum auf der Welt mit mir teilst.

Gegenüber im Erdgeschoss brennt der Kindergarten. Das macht die Luft nicht besser, aber merklich schlimmer macht es sie auch nicht mehr.

Wütende Mobs ziehen durch die Straßen und skandieren Kalendersprüche. Gewehrsalven in der Ferne, aber auch sie klingen nur noch wie Kalendersprüche.

Der Nachthimmel ist rosa, wie er das manchmal ist im Winter, aber das liegt nicht am Winter, das liegt an den ganzen Waldbränden. Richtigen Winter gibt's ja sowieso nicht mehr.

Unsere Smartphones auf dem Beistelltisch vibrieren synchron und rutschen dabei aufeinander zu, als hätten sie sich lieb. Beide haben ungefragt einen Countdown gestartet – wofür, wissen wir nicht. Um uns durch derlei müßige Fragen nicht vom Untergang ablenken zu lassen, werfen wir sie vom Balkon ins Kindergartenfeuer und warten gespannt, ob wir sie platzen hören. Dann streiten wir darüber, ob wir sie platzen gehört haben oder nicht, so ein Franzi-Streit halt. Du boxt mir so lange gegen den Arm, bis du recht hast.

Die Welt geht unter und du bist immer noch meine beste Freundin.

Wenn man so auf dem Balkon sitzt und die Welt untergehen sieht, kann man schnell der Versuchung erliegen, sich in ein anderes Leben zu wünschen.

Ich habe mir schon oft gewünscht, ein anderer zu sein. Nicht so untätig, nicht so mutlos, nicht so dick, nicht so verdammt schlecht in Mathe. Nicht so ängstlich, nicht so traurig, nicht so verliebt, nicht so versoffen. Nicht so dumm, mich für schlau zu halten. Nicht so getrieben davon, was andere denken. Was denkt ihr von mir? Nein, sagt es nicht, ich will es nicht hören. Aber ich brenne darauf, es zu wissen.

Wenn man so auf dem Balkon sitzt und die Welt untergehen sieht, wünscht man sich vielleicht, dreißig Jahre früher geboren zu sein. Dreißig Jahre sind gut. Noch früher hätte nicht unbedingt sein müssen, wegen Pest und Krieg und der ganzen Hitleritis, aber dreißig Jahre sind gut. Man hätte dann zugleich die Gnade der späten Geburt genossen und die Gnade der günstigen Immobilienpreise.

Oder man wünscht sich vielleicht, zweihundert Jahre in der Zukunft geboren zu sein, in einer florierenden Humanistenkolonie auf dem Mars, der es nach langen fruchtlosen Versuchen endlich geglückt ist, das verlorene Wissen um die Rumdestillation wiederzuentdecken. Rum-Party auf dem Mars zum Achtzehnten, das wär doch was.

Oder man wünscht sich einfach, als Katze geboren zu sein. Die Scheiß-Katzen bleiben nämlich immer ganz, sogar wenn die Welt untergeht.

Vor dem brennenden Kindergarten trifft eine Gruppe Kalenderspruch-Menschen zufällig auf eine andere und sie geraten sofort aneinander. Die einen plädieren mit Schaum vor dem Mund für Frieden und Freiheit, die anderen mahnen laut brüllend Liebe und Langmut an. Es gibt keine Überlebenden. Vom Balkon aus verfolgen wir das blutige Schauspiel, es ist besser als Kino.

Kino ist eh so teuer geworden, dass es keinen Spaß mehr macht.

„Musst du morgen eigentlich arbeiten?“, frage ich.

„Sieht nicht so aus“, sagst du.

„Na dann“, sage ich und reiche dir die Flasche. Sie ist fast leer. Wir auch.

Wir sind leer, Franzi, weil wir zu viel gewollt haben, zu viel gehofft, zu viel gesoffen und zu wenig gemacht. Weil wir langsam nicht mehr wissen, ob wir recht haben oder nicht. Weil es uns eigentlich auch egal geworden ist.

Wir wollten irgendwann mal die Welt retten, hauptsächlich natürlich um der Welt selbst willen, aber es hätte uns auch nicht gestört, wenn wir dabei verboten gut ausgesehen hätten und unverschämt reich geworden wären. Mit gutem Gewissen natürlich, weil Weltrettung.

Stattdessen sind wir mit schlechtem Gewissen arm geworden, nicht nur an Geld, auch an Idealen und so ganz allgemein am Sprudeln unter der Haut. Da ist irgendwas schiefgelaufen.

„Ihr seid am ARSCH!", ruft irgendwer aus dem Hof zu uns hoch, als hätte er uns beim Denken belauscht. „Ihr seid am ARSCH, ich mach' euch ALLE!"

Aber dann macht er uns gar nicht alle, sondern geht einfach wieder weg. Irgendwie traurig.

Wir sind am Arsch, Franzi – aber wenigstens sind wir zusammen am Arsch. Und um mit dir zusammen am Arsch zu sein, dafür lohnt sich das ganze Untergegehe. Wenn ich darüber nachdenke, will ich kein anderes Leben, keine andere Zeit, keinen anderen Körper.

Die Welt könnte besser sein, ja – aber unzufrieden wären wir trotzdem, weil es manchmal einfach schön ist, auf dem Balkon zu sitzen und zusammen unzufrieden zu sein, weil das zum Leben dazugehört, weil das besser ist als Kino. Wir könnten reicher sein, ja – aber nicht wirklich. Wir könnten schöner sein, ja – aber wozu? Wir könnten glücklicher sein als andere, aber nicht glücklicher als wir selbst. Weil wir nun mal wir selbst sind.

Das ist die Bürde, die wir tragen. Manchen mag sie lächerlich klein erscheinen, aber uns wiegt sie schwer. Und manchmal trägst du sie für mich und manchmal trag ich sie für dich, immer so lange, bis einer von uns nicht mehr kann. So tragen wir uns nicht müde. Freundschaft ist vor allem das: ein Bündnis gegen die große Müdigkeit.

Wir sitzen auf dem Balkon und beschauen den Weltuntergang. Er funkelt und glitzert so schön. Er leuchtet in sämtlichen Farben.

Du boxt meinen Arm, ich box deinen, „Frauen darf man nicht boxen", sagst du und boxt zurück. Wir legen unsere weichgeboxten Arme um die jeweils andere Schulter.

Es schlägt Mitternacht.

Der Rum ist leer.

Brennende Vögel schwingen sich in den Nachthimmel empor und bilden Formationen wie Schriftzeichen, bevor sie wie Steine wieder zur Erde fallen.

Im Edeka an der Ecke öffnen sich die Pforten der Hölle. Jesus, der große Diktator, bläst die Backen auf und spielt auf der Posaune.

Und schließlich, ganz zuletzt, gehen auch noch die Katzen kaputt.

Da schauen wir uns an.

„Tja", sagst du, „scheiße gelaufen."

„Ja", sage ich, „scheiße gelaufen."

Die Welt kippt ins Nichts. Alles ist vorbei und nichts hat geklappt. Ich bin nicht da, wo ich sein will. Du bist nicht da, wo du sein willst.

Aber du bist da, wo ich bin.

Und deshalb will ich da auch sein.

Ristridin

Zum Genuss dieses Buches empfehle ich …
einen leckeren Rosmarin-Thymian-Tee.

Diesen Text habe ich ausgewählt, weil …
ich die Botschaft darin wichtig finde.

Mein erster Auftritt war …
Oktober 2017 im Räng.

Poetry Slam ist …
Befreiung für die Seele.

Freiburg braucht mehr …
Projekte für neue Künstler.

Folge mir auf folgenden Kanälen …
@ristridin_photography auf Instagram

Das Monster in mir
Von Ristridin

Ich stehe vor einer Mauer,
mit bloßen Fäusten
schlage ich darauf ein.
Ich bin mir nicht sicher,
was sich dahinter befindet.
Aber ich kann es fühlen.

Jeder Schlag
lässt meinen Körper erbeben.
Jeder Schlag
begleitet von Entschlossenheit.
Das Ziel
– bin ich.
Die Mauer
– bin ich.
Und auch in meinen Schlägen
– bin ich.

Ich verbringe meine Zeit damit,
mich selbst zu bekämpfen.
Verschlinge meine eigene Kraft.

Das alles soll ich aber nicht zeigen,
muss immer frohen Geistes sein.
Zumindest scheint das die Gesellschaft
von mir zu verlangen.

Das ist für euch, ihr
„Du musst doch nur rausgehen"-Idioten.
Für euch, ihr
„Warum bist du depressiv?
Das Leben ist doch schön"-Idioten.

Ich bin kurz davor,
auf den letzten Satz
einfach mal zu antworten:
„Du hast Asthma? Warum?
Ist doch genug Luft da!"

Was andere nicht sehen,
ist für mich ein Monster.
Wenn ich es bekämpfe,
bin ich komisch.
Wenn nicht, dann auch.

Ich wünsche mir,
dass mehr Menschen
dieses Monster sehen
oder es zu sehen lernen.
Das Monster in mir.
Es zu verstehen
verlange ich nicht,
nur sehen!

Ich habe Angst vor Menschenmengen,
doch stehe ich hier.
Hier in der Stadt, hier auf der Bühne, hier
– bei mir.

Ich kämpfe gegen dieses Monster
schon seit Jahren.
Ich weiß, ich kämpfe nicht alleine.
Meine Botschaft
und Geschichte
verbreite ich
von Ort zu Ort,
von Ohr zu Ohr.
Mein Schwert ist der Stift.
Mein Schild das Papier.
Meine Rüstung, das seid ihr!

Hannah Grünebaum

Zum Genuss dieses Buches empfehle ich …
einen Stift, um sich die schönsten Zitate aufzuschreiben.

Diesen Text habe ich ausgewählt, weil …
ich hoffe, mit ihm andere Menschen zu ermutigen.

Mein erster Auftritt war …
unter freiem Himmel am Bollwerk in Moers (NRW).

Poetry Slam ist …
immer eine Überraschung.

Freiburg braucht mehr …
Rugby-Begeisterung.

Folge mir auf folgenden Kanälen …
@hannah.gruenebaum auf Instagram I www.ideenroman.com

Hinfallen
Von Hannah Grünebaum

In meinem Kleiderschrank im Kinderzimmer,
zwischen Low-Waist-Skinny-Jeans
und bemalten T-Shirts versteckt,
steckt ein Tagebuch, ganz hinten,
dort, wo es niemand einfach so entdeckt.

Warum darf es niemand finden,
dort zwischen alten Unterhosen
und durchlöcherten Socken?
Wird es dort verrotten,
ohne, dass es je wieder gelesen wird?

Dabei sind Bücher doch zum Lesen da
und Gedanken zum Denken,
wer Gedanken aufschreibt,
der will sie irgendwann noch einmal denken.

Oder er verbrennt das Blatt
und lässt seine Gedanken zu Asche werden.
Doch dieses Tagebuch habe ich nicht verbrannt,
weil die Gedanken darin nicht einfach so sterben.

Sie sind immer noch ein Teil von mir,
ich hab sie nur zu gut versteckt,
als ich sie als Kind aufgeschrieben habe
und nicht wollte, dass jemand sie entdeckt.

Es sind wirre Phantasiegeschichten.
Dort im Kleiderschrank
ist das Buch meine Tür nach Narnia,
hab darin von sprechenden Löwen berichtet,
und ritt auf Zentauren, sonderbar.

Ich hab von meinem Schwarm geschwärmt
und das war mir damals peinlich.
Sätze wie:
„Heute saß er in der Schule neben mir.
Er hat mein Herz erwärmt.“
Findet man darin reichlich.

Aber das ist nicht der Grund,
warum ich es heute noch verstecke,
warum ich das Tagebuch noch immer
mit einem alten Schal verdecke.
Ich selber will es nicht entdecken
und lesen müssen,
was sonst noch zwischen den Zeilen steht.

Die Wünsche und Träume an mein jetziges Ich,
das seine Zeit vergeudet
am Handy oder mit anderem Shit,
das möglicherweise mein inneres Kind enttäuscht,
welches immer noch davon träumt,
die Tür nach Narnia zu öffnen,
loszuschreiben,
loszureisen,

in eine unbekannte Welt
mit einem bekannten Held.

Ich könnte mir Ausreden suchen,
oder sie liegen schon parat:
„Das Leben ist kein Pustekuchen.
Ich muss halt was Vernünftiges werden.
Als Schaufensterpuppe verdienst du kein Geld
und Pinguinbeobachter kannst du nicht werden.

Du wirst es später noch verstehen.
Du kennst die Probleme nur noch nicht.
Mit deinen Kinderaugen
hast du eine viel zu phantasievolle Sicht.

Du wirst einen Nine-to-Five-Job machen müssen
und ihn dir gut reden,
weil er macht doch auch Spaß
und deine Träume von früher
sind halt Geschichten
aus deinem Kinderzimmer.
Ich hab halt keine Zeit für deine Träumerei.“

Aber ein Kind wird das nicht verstehen.
„Geld, ist das nicht das,
womit man bei Monopoly bezahlt?
Und Zeit, ist das nicht das,
wovon man unendlich viel hat,
nur zu wenig, wenn man ins Bettchen muss?

Und Angst, ist das nicht das,
mit den Monstern unter meinem Bett?"

Ich hatte gar nicht Angst gesagt,
doch mein Kind hat es gespürt,
was mich hindert das Buch zu lesen,
was mich innerlich berührt.

Das Kind hat Angst vor Monstern
und vor der Nachbarsfrau,
die es immer anschreit,
wenn es ihre Kirschen klaut.

Doch das Kind klettert trotzdem
auf den Kirschbaum bis oben,
wo sich die Äste neigen.
Angst, die kennt es nicht
und fällt es hin, dann weiß es,
nächstes Mal nimmt es die dicken Zweige.

Das Kind hat gelernt zu laufen,
nur dadurch, dass es hingefallen ist.
Das Kind hat gelernt,
dass es einen Haufen Dinge gibt,
die es kann, gerade weil es hingefallen ist.

Und ich, ich hab verlernt,
dass ich hinfallen kann
und danach wieder aufsteh'.
Ich hab zu große Angst,
dass ich mein Kind enttäusche
und deswegen nicht losgeh'.

Die Angst vor Misserfolg,
vor „Ich hab es nicht geschafft",
sie lähmt mich und macht mich platt,
dass ich mich nicht einmal hoch raff.

Wer nicht wagt, der nicht gewinnt
und all die andren dummen Zeilen,
die dir sagen, du machst alles richtig,
bloß nur nicht verweilen.
Und ja, ich will auch weiter,
ich hab nur Angst, es nicht zu schaffen.
Was, wenn ich am Ende bin
und nicht zufrieden mit meiner Leistung?

Dann wär dein früheres Ich trotzdem stolz,
denn es geht ihm nicht um Leistung,
hast du schon vergessen,
es weiß nicht mal, was Geld und Zeit sind.

Es geht uns um Zufriedenheit,
es geht uns ums Versuchen.
Es geht darum, ein Mensch zu werden,
dessen Anwesenheit gut tut.

Wer weiß schon, was du werden wirst.
Das hat doch auch mit Glück zu tun,
aber du kannst es nur aufs Pech schieben,
wenn du alles andere versuchst.

Also kämpfe, laufe und fall hin.
Steh auf und fall noch einmal hin.

Der Mensch, er ist gemacht zum Stürzen,
weil er nur aus ihnen lernt,
also musst du dich nicht davor schützen,
indem du alle Risiken abwehrst.

Der Mensch, er ist gemacht zum Leben,
zum Träumen und zum Küssen.
Der Mensch ist gemacht zum Vergeben,
und auch dein inneres Kind
wird dir vergeben müssen.

Denn du wirst keine ausgemalte Heldenfigur,
keine Prinzessin von Narnia,
du hinterlässt keine Bronzestatue
und vielleicht wirst du auch kein Fußballstar.

Doch du wirst du,
mit allen Stärken und Schwächen,
und du wirst gehen und hinfallen und aufstehen.
Vielleicht erkennst du nach ein paar Gebrechen,
dass dein inneres Kind
schon längst mit dir zufrieden ist,
wenn du es auch bist.

Simon Felix Geiger

Zum Genuss dieses Buches empfehle ich …
Martini-Sprite mit Eiswürfeln und Limette.

Diesen Text habe ich ausgewählt, weil …
mich die Themen zuletzt intensiver beschäftigt haben.

Mein erster Auftritt war …
im Café Atlantik bei Sebastian 23, in etwa Jahr 2009.

Poetry Slam ist …
Hemmschwellenüberwindung vom Privaten ins Öffentliche.

Freiburg braucht mehr …
Wohnraum, mehr Mut im Tun und weniger Moral!

Folge mir auf folgenden Kanälen …
@simonfehltnix auf Instagram und YouTube

Zwiebelprinzip

Von Simon Felix Geiger

Wir wandern durchwandelnd
Von Selbstbild zum Wert
Der tief in uns wurzelt
Frei vom Kleinmachzwerg
Frei von Größengedanken
Nah beim eigenen Selbst
Würde-Weite Brust-Bunker
Von Goldsternen erhellt

Den Balken vorm Auge
Erkennen wir nicht
Doch deine zwei Dornen
Dafür hasse ich dich

Mein Dunkel verdunkelt
Die Innenansicht
Doch bei dir kann ich's sehen
Dafür hasse ich dich

Dieser Hass ist ein Fluchtpunkt
Selbsthass nach außen geschickt
Es ist immer die Frau
Die am Hass ihres Mannes erstickt

Patriarchaler Paschapenis
Alter, dein Verhalten ist Haram

Reiß dir den Hass aus dem Denken
Und sei ein berührbarer Mann

Mit Mitgefühl mit dir selbst
Weniger Hass auf die Welt
Und dann schau deine Frau an
Dir zur Seite gestellt

Aber nein, das ist kein
Rein islamisch-iranisches Thema
Frag Maria Zweipunktnull
Hinterfrag dich und dann geh ma'
Deine eigenen Gedanken
Selbstkritisch durch

Welche Feindbilder hast du erschaffen
In wie vielen steckt deine Furcht
Deine Angst und dein Selbsthass
Und diese Irritation
Jenseits deiner Werte
Reflektierst du dich schon?

Oder doch lieber Honig
Um die Schnauze geschmiert
Weihrauchgeheuchel
In Peergroup-Blasen serviert

Ach wie schön
Ach wie herrlich

Ach wie geil
Sind denn wir

Ach wie doof
Ach wie scheiße
Ach ja, schau doch mal
Ihr seid einfach weniger geil
Kein cringe super Style

Einfach nur weil
Ja, wir hier gehen halt steil
Wir so Partyallee
Ihr mehr gestriger Schnee

Wir wandern durchwandelnd
Von Selbstbild zum Wert
Der tief in uns wurzelt
Frei vom Kleinmachzwerg
Frei von Größengedanken
Nah beim eigenen Selbst
Würde-Weite Brust-Bunker
Von Goldsternen erhellt

Unsere Ideale sind Lügen
Die wir niemals erreichen
Doch ohne Ziele im Himmel
Ist wie Pimmel angreifen
Befeuert die Angst
Vor Verlust, was verpasst

Und wer mich kritisiert
Wird von mir ausgrenzend gehasst
Passt halt nicht in mein Konzept
Sorry, meine Werte sind anders
Wieder Empörung, Drama
Und sorry, nein, weil ich kann das
Gerade schlicht und einfach
Einfach nicht einordnen

Meine Grenzen muss ich achten
Und das gilt auch deinen Worten
Die mein Denken aufbrechen
Ich lerne neu sprechen
Und entkomme meinem Selbstbild

Hilf mir, weiter es zu brechen
Wertvoll ist die Wandlung
Aus dem klein gemachten Denken
Lasst uns freie Weite
All den Selbstwert-Zweiflern schenken

Stabiler Selbstwert auf einhundert
Ist ein Menschenrecht
Kränkung eine Hure
Oder doch ein geiler Hecht?

Scheiß auf den Geschlechterkampf
Geschwister lassen ihren Dampf
Nie an andern aus

Sie sehen Potenziale
Und schlagen stets das Beste raus
Für sich und andere, selbstbestimmt
Weil ich, du, wir und alle
Schon von Beginn an wertvoll sind

Wir wandern durchwandelnd
Von Selbstbild zum Wert
Der tief in uns wurzelt
Frei vom Kleinmachzwerg
Frei von Größengedanken
Nah beim eigenen Selbst
Würde-Weite Brust-Bunker
Von Goldsternen erhellt

Die Zwiebelschicht außen
Schützt jede weitere Schicht
Sie hält das Ganze zusammen
Doch nur wo sie aufbricht
Fällt Licht hinein

Brich auch du auf dein Selbstbild
Ob zu groß, ob zu klein
Das wahre Selbst
Ist nicht gleich Selbstideal
Ist der Abstand zu groß
Ist das Ziel nicht real
Unerreichbar

Und die Psyche zieht sich auseinander
Drum setz deine Ziele realistisch
Pilger, laufe, wander, wander
Dem fernen Ziel deiner Reise entgegen
Auf fragilfeinstabilen
Weiß werdenden Wegen

Drum ergreife den Stab
Und kämpfe den Kampf
Zertrümmre Bilder
Und Wandel, was du verwandeln kannst

In deiner Grube der Schlangen
Nimm Gedanken gefangen
Die aufkommen, fremdgeboren
Aus verwirrtem Verlangen

Zerschlag Falsch-Flüstergedanken
Weise Lügen in Schranken
Und der Balken vor den Augen
Wird hinter dir abdanken

Jage du Mensch
Nach dem ewigen Ziel
Und gib auf das Gerede
Liebloser Menschen nicht viel

Gemeine Lügen zerfallen
Wie Motten im Kleid

Doch wahre Liebe trägt dich
Bis hin zur Ewigkeit

Wir wandern durchwandelnd
Von Selbstbild zum Wert
Der tief in uns wurzelt
Frei vom Kleinmachzwerg
Frei von Größengedanken
Nah beim eigenen Selbst
Würde-Weite Brust-Bunker
Von Goldsternen erhellt

In gewandelter Weite
Wirst du es sehen
Und dein Herz wird frohlocken
Im Himmelheimgehen

Duo Einfach so

Zum Genuss dieses Buches empfehlen wir …
eine große Tüte Popcorn für ein lebhaftes Kopfkino.

Diesen Text habe ich ausgewählt, weil …
#schicksalundso

Mein erster Auftritt war …
Ein Meteoriteneinschlag ohne Tote.

Poetry Slam ist …
Granatapfelkerne mit Mousse au Chocolat.

Freiburg braucht mehr …
Meteoriteneinschläge ohne Tote.

Folge uns auf folgenden Kanälen …
@duoeinfachso auf Instagram

Opossumboa
Von Duo Einfach so

Ihr kennt doch alle bestimmt diese Reaktion von vornehmlich kleinen Tierchen, wenn sie im Kontakt zu einem Menschen – oder sagen wir lieber allgemeiner einer Spezies – sind, die größer, stärker und furchteinflößender ist, als sie selbst. Diese Reaktion, die meistens in drei Teile aufzudröseln ist.

Teil Eins: *„Oh mein Gott"*
Welcher Spinne saust dieser Gedanke nicht durch den Kopf, wenn sich ein menschlicher Zeigefinger annähert, um sie aus dem Waschbecken zu retten, das so nasse Wände hat, dass alle acht Beine, egal in welcher Kombination sie benutzt werden, immer und immer wieder abrutschen? Die denken in dieser Situation wohl an das Gemälde „Die Erschaffung Adams" von Michelangelo und halten den Zeigefinger für eben jenen von Gott.

Teil Zwei: *„Da ist jemand größer, stärker und furchteinflößender als ich"*
Dieser Gedanke ist wohl weniger weit hergeholt. Eine Spinne ist kleiner als ein Mensch. Punkt.

Teil Drei: *„Ich stelle mich erstmal tot"*
Tatsächlich zeigen dieses Verhalten erstaunlich viele Lebewesen. Hauptsächlich Insekten, Spinnen,

Schlangen, Reptilien und die ein oder anderen Säugetiere. Bei Letzteren ist als bekanntestes Beispiel wohl das Opossum zu nennen, das zusätzlich zur physischen Schreckstarre sogar anfängt tot zu riechen, um seine Fressfeinde abzuschrecken.

Somit ergibt sich aus diesen drei Teilen eine Gesamtreaktion aus: *„Oh mein Gott, da ist jemand größer, stärker und furchteinflößender als ich, ich stelle mich erstmal tot.“*

Ich bin manchmal auch so ein kleines Tierchen. Nur sind die Kontexte, in denen ich mich in dieser Reaktion wiederfinde, durchaus variabler. Meist steht das Gefühl von Unzulänglichkeit oder Verpeiltheit oder Peinlichkeit oder Unfähigkeit oder Angst oder mangelndem Selbstwert oder mangelndem Selbstbewusstsein oder Scham oder Unsicherheit und zahlreichen anderen Gefühlen dieser Art, die tausende von Psychotherapeuten ernähren und am Leben halten, im Vordergrund und auf der Tagesordnung. Uns begegnen sie nämlich in total alltäglichen Situationen.

Zum Beispiel? Im Auto. Wir sitzen gemütlich da, entspannen reggaehörend smooth in unseren Sitzplatz hinein, als sich plötzlich ein Stau vor uns aufbaut, dessen Ende nicht abzusehen ist. Die Reaktion ist klar: *„Oh mein Gott, wir werden zu spät kommen, der Soundcheck geht in die Hose und der ganze Abend* *wird beschissen, wir stellen uns erstmal tot.*" Die Tatsache, dass der Stau nur teilweise größer, stärker und furchteinflößender ist als wir, übergehen wir dabei getrost und üben uns darin, auch tot zu riechen, was durch den plötzlich austretenden Stressschweiß gar nicht mehr so unmöglich scheint, wie vorerst angenommen. Bobby McFerrins „Don't Worry, Be Happy" macht uns unseren kleinen Tod bis zur übernächsten Ausfahrt, wo wir endlich rauskommen, erträglich und wir atmen wieder auf. Nochmal Glück gehabt.

Sehr beliebt sind diese Reaktionsmuster auch, hier sogar in kollektiver Form, im Publikum. Da lautet das Ganze: *„Oh mein Gott, da ist jemand kreativer und talentierter als ich, ich stelle mich erstmal tot."*

Genau das geht in 89,79653 Prozent der Zuschauenden vor sich, während vorne zum Beispiel wir, also die Alphatiere des Abends (aus Publikumssicht), unsere Show abziehen, Witze reißen und mit unserem Einfallsreichtum prahlen. Und die Zuschauenden, die sich nicht tot stellen, nehmen am Ende womöglich noch aktiv am Geschehen teil, bekommen an einer unpassenden Stelle einen Lachkrampf oder klatschen neben dem Takt und werden dadurch in ihrer Unzulänglichkeit oder Verpeiltheit oder Peinlichkeit oder Unfähigkeit – okay, lassen wir das – also, werden darin entlarvt und von toten nach Unterhaltung geiernden Vampiren zu einem stillschweigenden mucksmäuschenstillen Publikum.

Prämisse Nummer eins: Du klatschst neben dem Takt. Prämisse Nummer zwei: Du weißt, dass du neben dem Takt klatschst. Das imaginäre Metronom in dir verpasst dir einen Schulterklopfer dafür. Prämisse Nummer drei: Die anderen dürfen nicht wissen, dass du neben dem Takt klatschst. Logische Schlussfolgerung: Stell dich tot.

Aber wenn wir mal ehrlich sind, würde das Metronom für dieses gedankliche Vorgehen den Schulterklopfer zurücknehmen, denn wann immer du denkst: *„Oh mein Gott, x-beliebiger Grund, ich stelle mich erstmal tot.“*, läufst du vor der Wahrheit weg, machst dich aus dem Staub und bist feige. Und unzulänglich. Und verpeilt. Und peinlich. Und feige. Haben wir schonmal gesagt, aber wir sagen es nochmal, weil es unser Lieblingsobst ist.

Also solche Gedanken wie: *Oh mein Gott...*
... ich fühle mich einsam, ich stelle mich erstmal tot.
... mein Chef ist ein verdammtes Arschloch, ich stelle mich erstmal tot.
... die AfD will einen Kanzlerkandidaten aufstellen, ich stelle mich erstmal tot.
... das Haus brennt, ich stelle mich erstmal tot.
... wir haben eine Schreibblockade, wir stellen uns erstmal tot.

Und schon klar: wenn wir uns totstellen, stellt ihr euch am totesten. Alle stellen sich also toterererererer und das bringt niemandem etwas.

Denn dann…

… wirst du nie dafür sorgen, dass du coole Menschen kennenlernst.

… wirst du deinem Chef niemals Parole bieten.

… wird die AfD keine Gegenstimmen zu hören bekommen.

… wirst du nie für deine Zukunft auf die Straße gehen um das Feuer zu löschen.

… werden wir nie fetzige Ideen aus unserem präfrontalen Cortex über unsere Finger zu Texten gerinnen lassen, dann würden nicht so tolle Bücher wie dieses hier dabei rumkommen und wir würden nie schwarz auf weiß haben, was die Freiburger Slamily so draufhat!

Hey! Lasst uns aufhören, uns tot zu stellen. Fangen wir an zu leben!

Wir sind keine Opossumboa.

Dominik Heißler

Zum Genuss dieses Buches empfehle ich …
ein Schmunzelgetränk.

Diesen Text habe ich ausgewählt, weil …
er zeitlos aktuell ist.

Mein erster Auftritt war …
2016 im RängTengTeng.

Poetry Slam ist …
Vielfalt.

Freiburg braucht mehr …
Schlingel.

Folge mir auf folgenden Kanälen …
@dodocuriosus auf Instagram und Bluesky

Text über einen sehr deutschen Begriff
Von Dominik Heißler

Wir haben ein Heim für Alte und wir haben ein Heim für Asylsuchende, aber weil wir für beide kein Herz haben, ist es dort meist wenig heimelig. Zuhause heimelt es sehr wohl, darum freuen wir uns darauf, heimzugehen, und wenn uns dabei irgendwelche unheimlichen Typen im Weg stehen, dann zahlen wir es ihnen zeitnah heim. Ihr ahnt schon, es geht um Heimat, ja, Heimat, die gibt es nur in der deutschen Sprache, die ist eine sehr deutsche Sache.

Aber wo darf man denn heute noch wirklich Deutsch sein? Genau: zwischen Schrebergarten und Gesangsverein, bei Jägerschnitzel und Bierdurst, Brezeln und Bratwurst. Einsame Weltspitze sind auch unsere Mettwitze.

Womit putzt sich ein echter Deutscher seine Zähne? Odol-Mett-3. Danach schaut er „How I Mett Your Mother" und isst eine Yogumette. Sein Lieblingstier ist Kermett, der Frosch. An besonders metten Tagen verteilt er Mettigkeiten, schmiert sich Mettella aufs Brot und konsumiert Crystal Mett. Das ist echt ein Alleinstellungsmerkmal: Versuch diesen Humor mal einem Franzosen oder 'nem Ami zu erklären. „Ah, oui, ihr lacht also über rohes Schweinehackfleisch und tragt weiße Socken zu Sandalen?" „Ähm. Ja!" „Mon dieu."

Immerhin wäre damit bewiesen, dass wir Humor haben. Da sind sich recht viele ja recht unsicher. Ganz sicher jedoch haben wir Kultur. Immerhin sind wir das Land der Dichter und Denker! Wir haben: Zurechtweisungskultur, Willkommenskultur, Abschiebekultur, Brotkultur, Trinkkultur und Meckerkultur, oh ja, Meckerkultur. Wir haben Erinnerungskultur. Wir haben Streit-, Gesprächs- und Debattenkultur, wobei die drei unter den aufbrandenden Kulturkämpfen sehr leiden, die werden nämlich meist sehr unkultiviert geführt. Vielleicht, weil es an Fehlerkultur fehlt. Vielleicht hängt das aber auch mit dieser Leitkultur zusammen, die gewisse Politiker erstaunlich verlässlich alle paar Jahre festdiskutieren wollen, als ob man definieren könne, was Deutsch sei zwischen Bodensee und Nordsee.

Aber ich schweife ab. Kultur hat bei uns jedenfalls Kult: Wo wir keine Kultur haben, da machen wir sie uns einfach. Im Bad zum Beispiel: Im Englischen sagen sie „sponge bag", im Spanischen „esponjera", im Deutschen: „Kulturbeutel". Da läuft einem doch die Zahnpasta in der Tasche aus. Wir haben so viel Kultur, dass wir gar nicht mehr wissen, was wir damit meinen. Und dann sehen wir sie auch noch sehr schnell bedroht. Blöd, dass wir da keine Versicherung für haben. Dafür versichern wir uns gegen alles andere: Wir versichern uns für den Krankheitsfall, bei Schäden, wir versichern unser Haus und unsere Möbel, unser Auto, unser Leben, unsere Berufsfähigkeit, wir versichern uns, um andere kostengünstig verklagen zu können, wir versichern uns gegen Unfälle, gegen Regen und bei Reisen, wir versichern uns beim Oktoberfest gegen Alkoholspätfolgen – und manche versichern sich gar, falls sie eines Tages von Aliens entführt werden sollten.

Deutsche sind fünf Minuten vor der Zeit vor Ort. Im Urlaub sogar mal eine Stunde, um das Handtuch auf die Liege zu legen. Wir sind die, die die Rechnung am Ende stets centgenau auf alle aufteilen, die sogar nachts an roten Ampeln stehen bleiben, die ihren Autos *liebevolle* Namen geben und *aggressiv* mit ihnen fahren.

Wir sind der erste Papst, der lebendig gekündigt hat.
Wir machen weltweit das beste Brot.
Wir sind fleißig, ordentlich und haben Disziplin.
Wir sind Energiewende.
Wir exportieren, was wir produzieren, in alle Länder (quasi Qualität „Mett in Germany").
Unsere Waffen feuern überall auf der Welt.
Unsere Autos fahren überall in der Welt.
Und wir reisen hinterher, weil wir's können.

Und nach der Arbeit machen wir Feierabend, den gibt es sonst auch nirgends.

Doch was wir als Alleinstellungsmerkmale wähnen, entlockt anderen Völkern bloß ein Gähnen; Die Spanier feiern schon nachmittags mehr, in Skandinavien sind die Menschen viel versicherter, die arabische Sprache dichtet viel bildreicher und poetischer, in der Energiewende wurde uns längst der Rang abgelaufen, in Tschechien brauen sie besseres Bier und können mehr saufen. In China ist Fleiß viel weiter verbreitet, in Japan werden selbst die Züge sekundengenau geleitet.

Was uns am Ende bleibt für das deutsche Etikett sind Kulturbeutel, Brot und Witze über Mett. Dabei sind wir uns so unähnlich, wir Deutschen:
Im Norden herrscht trockener Humor,
im Süden frohes Nörgeln vor.
Im Westen wissen sie's immer besser,
im Osten baden alle immer nackt.
Es ist vertrackt.

Nun gibt es Menschen, die fliehen zu uns und suchen hier eine neue Heimat. Es gibt Menschen, die fliehen vor uns und suchen anderswo eine neue Heimat. Und es gibt Menschen, die sagen von sich, dass sie ihre Heimat schützen wollen. Aber das sind dann nicht diejenigen, die im Wald den Müll einsammeln. Das sind diejenigen, die durch die Straßen laufen und jeden verprügeln, der längere Haare oder dunklere Haut hat. Das sind diejenigen, die sich lauthals über die anderen Heimatsuchenden beschweren. Und zwar mit Kebabsoße am Kinn.

Für sie ist Heimat ein Bunker, den sie im Kampf der Kulturen verteidigen müssen. Notfalls mit der Waffe in der Hand. Wer sein Vaterland in solchen Ehren hält, sorgt sich selten um die anderen Kinder von Mutter Erde. Solchen extremen Heimscheißern sollten wir heimleuchten, wann immer wir ihnen begegnen.

Denn Heimat bedeutet nicht Vaterland und schon gar nicht Nation, sie liegt begründet in einer kleinen Region. Es stimmt schon: erst werden wir hineingeboren, später haben wir sie auserkoren, haben einen fremden Ort zu *unserem* Ort gemacht, Heimat fortan im Plural gedacht.
Heimat gibt es nicht im Singular.
Heimat kann Brücken bauen und Bunker.
Heimat heißt, sich erinnern an einen Ort, der so niemals existiert hat. Sie ist eine ferne Sehnsucht am Horizont, zu der hin wir jeden Tag aufbrechen, sie ist eine Utopie.

Und so bleibt nach diesem Text ein Ideal:
Wenn die Wahl steht zwischen Humor und Hetze, dann wähle ich selbst als Veganer die Mettwitze.

Nachwort
Von Cäcilia Hufnagel

Herzlich willkommen beim Nachwort!

Jetzt könnt ihr euch nochmal wie beim Kinofilm-Abspann in euren fluffigen Leseort reinchillen und mehr oder weniger aufmerksam diese letzten, allerletzten, wirklich allerletzten Nach-Worte durch eure Synapsenachterbahn jagen. Wir hoffen, ihr habt Popcorn und ein Taschentuch zur Hand.

Falls ihr euch fragt, was man von einem Nachwort so erwarten kann – wir wissen's auch nicht. „Danke" hat Marvin Suckut schon beim Vorwort gesagt. Also sagen wir an dieser Stelle dann vielleicht einfach „Bitte". Gerne.

Denn all die Menschen, die dieses Buch mit Texten gefüllt haben (das ist der Zeitpunkt für das Taschentuch), brennen für genau das: Worte. Ob „vor" oder „nach" ist doch wumpe! Zumal nach dem Wort immer auch vor dem Wort ist, vor allem für Poetry Slammer*innen.

Und was wären wir ohne Menschen wie euch, die fantastisch viel Spaß daran haben, unseren Worten live auf der Bühne oder ganz anonym hinter diesen Buchseiten zu lauschen?

Wahrscheinlich eine etwas weirde Selbsthilfegruppe, die wöchentlich zusammenkommt, weil sie dem Drang, Texte zu produzieren, schlichtweg erlegen ist und Gleichgesinnte sucht, die ebenfalls

Texte schreiben und hören möchten. Hätte irgendwie auch was. Gibt es Selbsthilfegruppen für Menschen, die ein Nachwort schreiben müssen? Wir fragen für einen Freund…

Laut Wikipedia ist ein Nachwort eine „Schlussbemerkung am Ende eines literarischen oder rhetorischen Werkes, (…) das als Verständnishilfe, Interpretation, Darlegung der Intention oder als Widmung dient."

Schlussbemerkung – so weit, so gut. Wir sind am Schluss, wir bemerken, dass das 'ne schwierige Kiste ist. Passt.

Verständnishilfe – ihr befindet euch gerade in der Lektüre des Nachwortes von „Poetry Slam Freiburg – Das zweite Buch". Zum tiefergehenden Verständnis empfehlen wir die vorangegangenen Texte nochmal rückwärts zu lesen, dann ist nämlich das Vorwort das Nachwort und alle Last, das hier zu einem würdigen Ende zu bringen, liegt bei Marvin Suckut. Hervorragend.

Interpretation – das hier ist kein Nachwort.

Darlegung der Intention – ey Alter, check bitte mal wie geil die Lektüre von Poetry Slam Texten ist! Und wenn du alleine damit nicht weiterkommst, such dir eine Selbsthilfegruppe! Da gibt's so monatliche Veranstaltungen (man nennt es „Poetry Slam") mit Gleichgesinnten, die sehr heilsam sind.

Widmung – für euch.
Bissl Kitsch muss halt schon, gell.

Und bevor wir uns jetzt hier weiter um Kopf und Fragen schreiben, konzentrieren wir uns einfach auf das nachigste Nachwort, das dieses Buch zustande bringen kann:
Bitte. Gerne.

Ja ok. Waren zwei Nachwörter. Sorry.

Unsere Empfehlung für mehr …
Poetry Slam Freiburg Buch 1

Leidenschaft, Liebe und Talent … dies sind die verbindenden Attribute der 26 Poet*innen, die in früheren Jahren und brandaktuell die Freiburger Poetry Slam-Szene rock(t)en und in diesem Buch Ihre Lieblingstexte präsentieren.

Freiburg Buch 1 ISBN: 978-3-9820358-8-8
12,95 EUR (DE) | www.dichterwettstreit-deluxe.de

Themenbände – Originell auf den Punkt

In unseren Themenbänden geben mit die besten Poet*innen der deutschsprachigen Slamszene ihre Gefühle, Ideen, Erfahrungen, Utopien und Meinungen zu bestimmten Themen preis. Ob lyrisch oder prosaisch, ob nachdenklich oder humoristisch, auf jeden Fall lesenswert.

Themenband 1

Themenband 2

Themenband 3

Themenband 1   ISBN: 978-3-98809-002-7
Themenband 2   ISBN: 978-3-98809-004-1
Themenband 3   ISBN: 978-3-98809-009-6
12,95 EUR (DE) | www.dichterwettstreit-deluxe.de

Theresa Sperling – Sezierung

Theresa Sperling präsentiert in ihrem ersten Sammelband alle 33 lyrischen Slamtexte aus 2014–2024. Jeder ihrer Texte hat ein eigenes Vorwort zur Entstehungsgeschichte sowie Anmerkungen zu Performance und Wirkung des Stücks. Stürzt euch in zehn Jahre künstlerisches Schaffen der zweifachen deutschsprachigen Meisterin im Poetry Slam.

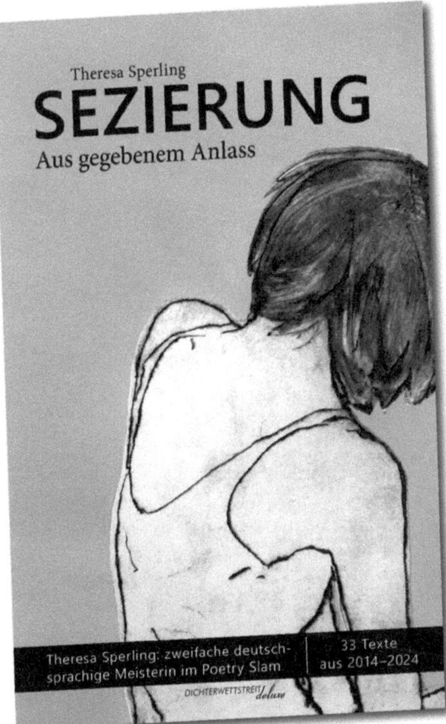

Textsammlung der zweifachen deutschsprachigen Meisterin im Poetry Slam

Sezierung

16,00 EUR (DE) | www.dichterwettstreit-deluxe.de

ISBN: 978-3-98809-015-7

DICHTERWETTSTREIT *deluxe*